ISS DICH SCHLANK!

Denn Diäten und Verzicht bewirken das Gegenteil!

Fragen und Antworten zu den Themen:

- 👍 gesunde Ernährung
- 👍 schlank werden und bleiben

Andreas Wähnert

Andreas Wähnert „Iss dich schlank!"

Herstellung und Verlag:
Books on Demand GmbH, Norderstedt
ISBN 978-3-8391-1803-0

Vorwort

Liebe Leserin, Lieber Leser,

ist dir eigentlich bekannt, dass dein Körper mit 1.000 kcal pro Tag auskommen kann, **ohne** ein Gramm Fett abzunehmen, und dass er weit über 2.000 kcal täglich benötigt, um alle Aufgaben erfüllen zu können. ... **Und wie viel Energie du tatsächlich verbrauchst, bestimmst du selbst ... durch dein Verhalten!**

Warum das so ist?

Dein Körper ist keine simple Verbrennungsmaschine, die 1.542 kcal pro Tag verbraucht, weil du 35 Jahre alt, weiblich, 65 kg leicht und „Schreibtischmensch" bist.

Aufgrund der schwierigen, ursprünglichen Lebensbedingungen auf der Erde verfügen alle Lebewesen über einen **anpassungsfähigen Stoffwechsel**. Das heißt: Sind die Bedingungen schlecht, spart der Körper Energie, sind sie gut, erfüllt er alle Aufgaben und verbraucht dafür erheblich mehr Energie.

Bei der Beurteilung der Lebensbedingungen kann der Körper kein bewusstes Verhalten berücksichtigen, wie zB eine Diät, und er weiß auch nicht, dass du an jeder Ecke etwas zu Essen kaufen und damit das **drohende Verhungern** verhindern könntest. Er bewertet nur, wie du dich ernährst.

Der Körper spart, indem er auf wichtige Funktionen, wie zB die Regeneration, verzichtet. Deshalb hängen deine Gesundheit, deine Leistungsfähigkeit und dein Wohlbefinden **nicht** von einzelnen Mahlzeiten oder Lebensmitteln ab, **sondern vom Energieverbrauch**, also deinem Stoffwechselniveau. **Und weil**

es außerdem fast unmöglich ist mit einem schlechten Stoffwechselniveau abzunehmen, ist es so wichtig, den Stoffwechsel zu verstehen.

Du kannst ein Leben lang energiearm und fettbewusst leben, auf vieles verzichten und deinen Körper quälen, ... und wirst dein Ziel dabei wahrscheinlich **nicht** erreichen.

Oder du gönnst deinem Körper ein gutes Stoffwechselniveau und dir Lebensqualität! Das heißt: du kannst **alles** essen, du entwickelst eine positive Einstellung zum Körper und zum Essen (**ohne** in falschen Schablonen von „guten und schlechten Lebensmitteln" zu denken), du isst **ohne** schlechtes Gewissen und du bist gesund, leistungsfähig, schlank und mit dir zufrieden!

In diesem Buch beschreibe ich, wie wir alle unseren Stoffwechsel tagtäglich negativ beeinflussen, und **wie du ihn positiv beeinflussen kannst,** gebe dir eine Anleitung die Ernährung in dem Sinn frei zu gestalten, und beantworte Fragen, wie:

? Warum beschäftigt sich die Ernährungsberatung fast nur mit dem Schwerpunkt „gesunde und ungesunde Lebensmittel", anstatt sich **endlich** dem Menschen zu widmen?

? Wieso machen Diäten und Fasten das Abnehmen noch viel schwerer?

? Warum verschlimmert Sport die Situation **ohne** eine Ernährungsumstellung?

? Wie kannst du mit Ernährungssünden, wie zB Schokolade, umgehen, **oder sind das gar keine?**

Ich wünsche dir viel Spaß beim Lesen und Erfolg beim Umsetzen.

Andreas Wähnert

Teil III: Der Ernährungsplan

Teil IV: Die Umsetzung des Ernährungsplans

Abbildungen:

Teil I:

Der Stoffwechsel

Wie viel Energie braucht der Körper?

Dein Körper kann mit nur 1.000 kcal pro Tag auskommen, ohne ein Gramm Fett abzunehmen, er kann aber auch deutlich über 2.000 kcal verbrauchen. ... Wie viel er tatsächlich verbraucht, das bestimmst du ganz allein!

Unser Körper wird fast ausnahmslos als Energieumwandler mit konstantem, täglichem Bedarf dargestellt. Je nach Körpergewicht, Geschlecht, physischer Belastung und vererbten Voraussetzungen benötigt er danach eine bestimmte Energiemenge pro Tag, die er durch den Abbau bestimmter Inhaltsstoffe aus der Nahrung gewinnt und für seine Aufgaben verwendet (Stoffwechsel). Das verleitet zu der **falschen** Annahme, dass eine energieärmere Ernährung zur Gewichts- und Fettabnahme und eine energiereichere zur entsprechenden -zunahme führen. ... **So hat das „Kalorien zählen" begonnen.**

Wenn das wirklich so wäre, hätte die Menschheit wohl ein sehr kurzes Gastspiel auf dieser Erde gegeben, weil sich die ursprünglichen Lebensbedingungen nicht durch einen Nahrungsmittelüberfluss ausgezeichnet haben. Vielmehr hat der ständige Wechsel der Ernährungssituation dem Menschen – wie allen anderen Lebewesen auch – eine hohe Anpassungsfähigkeit abverlangt.

Selbst wenn wir nur die heutige Zeit betrachten, müsste ein konstanter Energieverbrauch – auch in den Industrieländern mit einem Nahrungsmittelüberfluss – zu einer Vielzahl von verhungernden Mitmenschen führen. Denn sehr viele von diesen fordern Ihren Körper mit längerem Fasten oder zeitweise extremer Unterversorgung tagtäglich bewusst heraus.

Tatsächlich ist unser Energieverbrauch – wie der aller Lebewesen – **extrem anpassungsfähig.** Er orientiert sich an der aktuellen Ernährungssitua-

tion, damit der Körper sein Leben schützen kann. Also ist dein Energieverbrauch **keine** konstante Größe, und **du** selbst veränderst ihn ständig …
durch dein Verhalten.

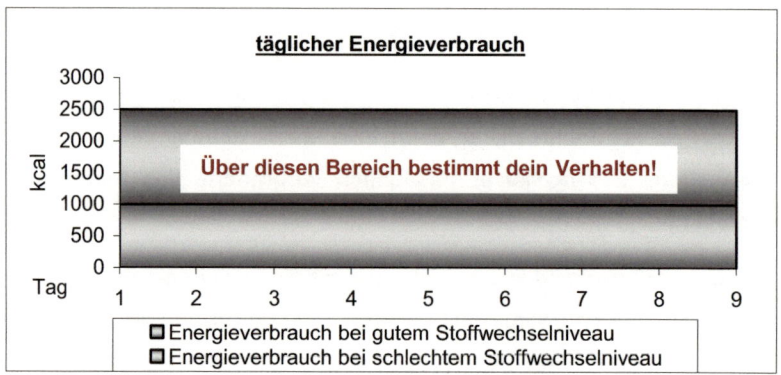

Abb 1: *Unser täglicher Energieverbrauch bei gutem und*
schlechtem Stoffwechselniveau

Die Beobachtungen der seit inzwischen mehreren Jahrzehnten boo-
menden Diäten haben gezeigt, dass der Anpassungsspielraum unseres Stoffwechsels bei weit über 1.000 kcal täglich liegt.

So haben die Diäten in den 80er Jahren mit Erfolg eine tägliche Aufnahme von 1.200 kcal vorgegeben; heute werden 700 kcal präsentiert. Damit
haben sich die Entwickler dem geringeren Durchschnittsverbrauch der Nut-
zer(innen) angepasst, um einen – zumindest kurzfristigen – Gewichtsverlust
garantieren zu können. Die untere Anpassungsgrenze liegt also bei 1.000 kcal;
dies haben meine praktischen Erfahrungen – selbst für regelmäßig Sport trei-
bende „Energieverweigerer" – bestätigt.

Demgegenüber wurden in größeren Ernährungsstudien stets Energie-
bedarfswerte für Frauen zwischen 2.000 und 2.500 kcal und Männern zwischen
2.500 und 3.500 kcal angegeben, was sich mit meinen Erfahrungen für einen
gut eingestellten Stoffwechsel deckt.

Also liegt dein täglicher Energieverbrauch irgendwo zwischen 1.000 kcal und deutlich über 2.000 kcal. ... Du bestimmst wo!

Um diese große Anpassungsspanne zu verstehen, musst du dich in die ursprüngliche Lebenssituation der Menschen hineindenken: *Ohne die heutigen Möglichkeiten – mit stets etwas Geld im Portemonnaie und einem Lebensmittelladen in Reichweite – bedeutete das Nichtvorhandensein von essbaren Pflanzen oder Jagdgut eine existentielle Bedrohung für das Überleben. Dass die üblichen Nahrungsmittel, wie Früchte und fettärmeres Fleisch, auch erheblich energieärmer als heutige waren, erforderte zudem eine häufigere Nahrungsaufnahme.*

Deshalb ist es zwingend notwendig, dass der Körper sich schnell auf eine Unterversorgung einstellen und diese lange Zeit überbrücken kann, ohne seine Leistungsfähigkeit allzu sehr einzubüßen. In Überversorgungszeiten können die „Luxusaufgaben", wie Regeneration und Körperabwehr, nachgeholt, und es kann mittels Speicherung für den nächsten Mangel vorgesorgt werden.

Diese **überlebensnotwendige „vorsichtige Stoffwechselprogrammierung"** ist in den Überflussländern heute nicht mehr von Nöten. Die Änderung der Lebensbedingungen haben wir Menschen so schnell herbeigeführt, dass unser Körper noch überhaupt nicht darauf reagiert hat; solche Umstellungen dauern auch Jahrtausende.

Ohne Nahrungsmangel ist unser Essverhalten inzwischen weitgehend kopfgesteuert, unser Stoffwechsel funktioniert aber nach den ursprünglichen Mustern, ... **und er reagiert schnell und deutlich auf unsere bewusst erzeugten, teilweise extremen Ernährungssituationen!**

Unabhängig davon ist allgemein unstrittig, dass unter den **vererbten Eigenschaften** auch eine Tendenz zu einem höheren oder niedrigeren Energieverbrauch weitergegeben wird. In der Schilddrüsenfunktion und der Intensität der Schweißbildung spiegelt sich dies wieder. Die oben genannte überlebensnotwendige Anpassungsspanne, über die **jeder** gesunde Mensch verfügt, ist aber **erheblich größer.**

Du hast also einen Spielraum von weit über 1.000 kcal pro Tag, in dem du deinen Energieverbrauch einstellst. ... Darum lohnt es sich den Stoffwechsel verstehen zu lernen.

Wie muss ich Verbrauchstabellen lesen?

Da der Energieverbrauch ständigen, sehr großen Schwankungen unterliegt, **kann die Aussagekraft einer Verbrauchstabelle für dich nicht groß sein.**

Energieverbrauchstabellen, die in Abhängigkeit von mehreren Körperparametern, wie Alter, Geschlecht, Gewicht und Tätigkeit, einen durchschnittlichen Energieverbrauch angeben, sind zB von Versicherungsgesellschaften in Auftrag gegeben worden, um Versicherungsrisiken abschätzen zu können. Dafür sind große Untersuchungsgruppen notwendig, um einen aussagekräftigen Durchschnittswert zu ermitteln.

Dieser Durchschnittsverbrauch bürgt **nicht** für ein richtiges Verhalten; allenfalls ist das dazugehörige Risiko eine bekannte statistische Größe. Eine Verbrauchstabelle enthält also keine „richtigen" Energieverbrauchswerte, sondern lediglich durchschnittliche ... mit **allen** Fehlern der Allgemeinheit.

Da die Anpassungsfähigkeit des Stoffwechsels und das ursächliche Verhalten den Ernährungsinteressierten bisher kaum nahe gebracht worden sind, ist es nicht wahrscheinlich, dass der gemessene Durchschnittsverbrauch dieser Tabellen einem guten Stoffwechselniveau entspricht. Trotzdem liegen die Werte aller mir bekannten Tabellen im oberen Bereich der oben genannten Stoffwechselspanne.

Damit beschränkt sich der Gehalt dieser Verbrauchstabellen für dich als Leser auf die Information, **dass dein Energieverbrauch bei gutem Stoffwechselniveau dort mindestens anzusiedeln ist!**

Wieso ist der Stoffwechsel so anpassungsfähig?

Dass der Energieverbrauch so anpassungsfähig ist, hat seinen Grund in den **ursprünglichen Lebensbedingungen** der Menschen. Die Reaktionsfähigkeit des Körpers auf die Umwelt ist für den Bestand der Art unentbehrlich. Deshalb ist eine evolutorische Anpassung unserer Körper auf die aktuellen Lebensbedingungen unwahrscheinlich, in den nächsten Jahrtausenden sogar ausgeschlossen.

Es stellt sich aber natürlich die Frage: **Wie** kann unser Körper seinen Energieverbrauch in einem so großen Bereich einstellen?

Der Begriff **Stoffwechsel** beschreibt die chemische Umwandlung von verwertbarer Nahrungsenergie in körpereigene, und – in einem zweiten Schritt – die Nutzung dieser Energie für die Ausführung von Aufgaben. Physikalisch handelt es sich um zwei reine Energieumwandlungen, aus körperlicher Sicht können wir dabei aber von „Energieverbrauch" sprechen.

In der Ernährungslehre wird der Energieverbrauch in zwei Bereiche aufgeteilt: Grund- und Leistungsumsatz.

Mit dem **Grundumsatz** wird diejenige Energiemenge bezeichnet, die für den Körper notwendig ist, ohne dass er eine sichtbare körperliche Leistung ausführt. Darunter fallen alle lebenserhaltenden Aufgaben, wie Herzschlag, Atmung, Stoffwechsel, Regeneration, Körperabwehr und die sehr Energie zehrende Kommunikation der Körperorgane. **Dieser Grundumsatz macht im Normalfall** – von Leistungssportlern und Schwerarbeitern abgesehen – **den Großteil mit mehr als zwei Dritteln des gesamten Verbrauchs aus.**

Der **Leistungsumsatz** umfasst die zusätzliche Arbeit, wenn sich der Körper in irgendeiner Form gegen die Schwerkraft bewegen muss. Auch die Wärmeproduktion bei geringer Umgebungstemperatur wird hierzu gezählt.

Unser Körper hat nur einen Wirkungsgrad von ca 25 %. Bei der Umwandlung in körpereigene Energie und bei der anschließenden Verwendung geht jeweils etwa die Hälfte der Energie verloren und wird als Wärme mittels Abstrahlung, Ableitung und Schwitzen an die Umgebung abgegeben. Dieser überwiegende Anteil, der in die Wärmebildung fließt, ist **keine konstante Größe,** sondern wird hormonell geregelt. Er spiegelt sich in der Neigung zum Schwitzen wider, weil das Schwitzen unter körperlicher Belastung die überwiegende Form der Wärmeabgabe darstellt.

Dir ist sicher auch schon aufgefallen, dass Menschen sehr unterschiedlich stark beim Sport schwitzen. In Extremfällen kann das krankhafte Ursachen haben, in der Regel ist es aber ein **direkter Maßstab für die Höhe des Energieverbrauchs,** … und damit für das Stoffwechselniveau.

Bei Leistungssportlern ist immer wieder festgestellt worden, dass sie deutlich stärker schwitzen als Nichtsportler. Das erscheint zunächst paradox, weil die häufige Übung eine ökonomischere Ausführung zur Folge hat; deshalb müsste der Energieverbrauch eigentlich geringer ausfallen. Der Grund liegt darin, dass Leistungssportler oft ein Ernährungsverhalten haben, dass ein hohes Stoffwechselniveau fördert.

Die Möglichkeit zur Einstellung des Energieverbrauchs über die **Wärmebildung** greift sowohl im Bereich des Grund- als auch des Leistungsumsatzes und stellt ein gutes Werkzeug zur Anpassung unseres Körpers dar. Und deshalb kannst du an der Neigung deines Körpers, unter Belastung zu schwitzen, selbst feststellen, ob dein Körper viel Energie in Form von Wärme abgibt.

Zusätzlich hat dein Körper die Möglichkeit, über die **Gewichtung seiner Aufgaben** den Energieverbrauch zu regulieren. Dabei ist für ihn das augenblickliche Überleben wichtiger, als das mittel- oder langfristige. Also bewertet

dein Körper die aktuelle und vorangegangene Ernährungssituation und entscheidet, was er leisten kann; eine Einbeziehung bewussten Verhaltens, zB
Verzicht um abzunehmen, findet **nicht** statt. **Also spart dein Körper bei seinen Aufgaben, wenn du ihn nicht ausreichend mit Energie versorgst.**

Einsparungen passieren nur begrenzt beim Leistungsumsatz; der Körper
kann höchstens seine Bereitschaft mindern.

Die überwiegende Anpassung findet im Bereich des Grundumsatzes
statt. Und da die kurzfristig lebenserhaltenden Aufgaben wichtiger eingestuft
werden, bedeutet ein Energiesparen des Körpers immer eine Reduzierung der
mittel- und langfristig ausgerichteten Aufgaben. Die Kommunikation der Organe
über die Nerven, der Herzschlag, die Atmung und der Stoffwechsel in Leber
und Nieren sind für das augenblickliche Überleben unverzichtbar. Unser Körper
kann Eingriffe nur in Bereichen, wie zB <Regeneration> und <allgemeine Kör-
perabwehr>, vornehmen.

**Eine unzureichende Energieversorgung – und damit ein niedriges
Stoffwechselniveau – muss zu Lasten der Regeneration und der Körperabwehr gehen.** Die Anfälligkeit schnelllebiger Gewebe, wie Haut, Haare und
Nägel, und eine schlechte Widerstandsfähigkeit gegen Infektionen sind eine
zwangsläufige Folge.

Welchen Einfluss hat Bewegung?

**Der Einfluss von Bewegung – und damit von Sport – auf deinen
Energieverbrauch ist sehr begrenzt.**

Bewegung bedeutet physikalische Arbeit, die der Körper mit Energie
„bezahlen" muss. Da er über zwei sehr wirksame Regulationsmechanismen für
den Energieverbrauch, nämlich die Wärmeabgabe und die Leistungsbeschrän-

kung im Bereich des Grundumsatzes, verfügt, **kann er auf eine Verbrauchs-erhöhung durch Bewegung sehr gut reagieren.**

Dir ist sicher auch schon aufgefallen, dass viele Besucher von Fitness-studios sehr regelmäßig die Ausdauergeräte benutzen und trotzdem nicht ab-nehmen, ... und viele von diesen Leuten haben auch Recht, wenn sie sagen, dass sie sehr wenig essen. Tatsächlich habe ich schon sehr viele abnehmwilli-ge Menschen kennen gelernt, die mit ihrer Ernährung Ihr Stoffwechselniveau ständig drücken, und der zusätzlich ausgeführte Sport bringt auch nicht den gewünschten Erfolg.

Die Beobachtung, dass Leistungssportler beim Sport mehr schwitzen als Anfänger, belegt auch den geringen Einfluss von Bewegung. Leistungssportler ernähren sich häufig unbewusst sehr Stoffwechsel anregend. Und deshalb kann ihr Körper großzügiger haushalten, obwohl die starke Gewöhnung an die ausgeführten Bewegungen einen hohen Energieverbrauch – und damit starkes Schwitzen – gar nicht nötig machen würde. Folgerichtig kannst du bei diesen Leistungssportlern auch beobachten, dass ein mehrwöchiges Aussetzen oft keine Gewichtszunahme mit sich bringt. Leistungssportler nehmen meist erst zu, wenn sie zum Sport so viel Abstand haben, dass ihr Ernährungsverhalten sich auch grundlegend verändert hat.

Wenn du einmal bewusst beobachtest, wie unterschiedlich Sporttreiben-de bei sehr ähnlichen Belastungen schwitzen, kannst du erkennen, wie unter-schiedlich deren Körper mit der Situation umgehen. **Die ebenfalls in Verbrauchstabellen geführten Leistungsumsätze für verschiedene Bewe-gungen sind demnach auch nicht konstant.** Deshalb reagieren einige Kör-per auf den Sport mit sehr zurückhaltendem Energieverbrauch und mäßigem Schwitzen, während andere „aus dem Vollen schöpfen".

Du kannst durch Sport deinen Energieverbrauch insgesamt etwas erhöhen, aber das viel bedeutendere Stoffwechselniveau wirst du damit nicht heben.

Bewegung, also auch Sport, ist für den Körper erstmal eine Belastung auf der Ausgabenseite, die zusätzlich mit den Mitteln der Einnahmenseite, also der Aufnahme von Nahrungsenergie, bewältigt werden muss. Der viel zitierte Ausspruch „durch Sport seinen Stoffwechsel anzukurbeln", kann da **nicht** richtig sein, weil das – **ungeachtet der Ernährungssituation** – eine viel geringere Überlebenswahrscheinlichkeit mit sich brächte. Und tatsächlich ist bei regelmäßig Diätlebenden nur sehr selten unter Sport eine Erhöhung des Stoffwechselniveaus mit vermehrtem Schwitzen festzustellen. **Vielmehr besteht die Gefahr, dass das schlechte Stoffwechselniveau durch den Sport noch verfestigt wird.**

Welchen Einfluss hat die Ernährung?

Der Einfluss der Ernährung auf deinen Energieverbrauch ist <ins>überragend!</ins>

Die Ernährung stellt die Eingangsseite dar. Die Lebensmittel, die wir essen, und damit die enthaltene Nahrungsenergie sind die Ausgangssituation, von der aus unser Körper seine Überlebenschancen einschätzen und Entscheidungen über den Energieverbrauch treffen muss. Dabei kann er **nicht** die Menge seines Speicherfetts messen, sondern nur die zuletzt und aktuell zugeführte Nahrung bewerten.

Um den – für unseren Körper immer noch geltenden – ursprünglichen Lebensbedingungen gerecht zu werden, ist der große Anpassungsrahmen von weit über 1.000 kcal pro Tag erforderlich. Zudem muss eine sehr schnelle Umstellung gewährleistet sein.

Tatsächlich ist dein Körper in der Lage auf eine extreme Verringerung der Nahrungsaufnahme, wie beim Fasten oder bei vielen Diäten, **innerhalb von wenigen Tagen mit einer Absenkung des Stoffwechselniveaus zu reagieren.** Das ist ein Grund dafür, dass in den letzten zwanzig Jahren bei gängigen Diäten die tägliche Energiemenge von 1.200 kcal auf 700 kcal reduziert worden ist. Der durch viele Diäten und eine grundlegend falsche Ernährungsweise extrem abgesenkte Energieverbrauch der regelmäßigen Nutzer(innen) und der sehr schnell reagierende Stoffwechsel haben die Verschärfung notwendig gemacht, um überhaupt noch kurzfristige Erfolge versprechen zu können.

Die Anhebung des Stoffwechselniveaus bei ausreichender Energieaufnahme erfolgt demgegenüber langsam. Das hat nichts mit fehlendem Vertrauen des Körpers zu tun. Vielmehr wirft die Umstellung einige Kommunikationskosten auf, weil eine Änderung deines Körperstatus immer bedeutet, dass alle betroffenen Organe informiert werden müssen. Diese Kosten lohnen sich nicht für ein oder zwei Tage mit ausreichender Versorgung. Auch diese Programmierung des Stoffwechsels musst du vor dem Hintergrund der Überlebenssicherung sehen.

Zusammenfassend ist es wichtig zu wissen, dass du über deine Ernährung den größten Einfluss auf deinen Energieverbrauch hast, und dass eine Stoffwechselanpassung nach unten deutlich schneller erfolgt als nach oben. Insofern erfordert eine Stoffwechselanhebung etwas Geduld. Die kann aus dem Wissen kommen, wie dein Stoffwechsel funktioniert. … **Und eine Stoffwechseleinstellung ist die einzige Möglichkeit mittel- und langfristig einen schlanken, gesunden und leistungsfähigen Körper zu erreichen!**

Was senkt den Energieverbrauch ab?

Ein niedriger Energieverbrauch ist die Reaktion des Körpers auf eine schlechte Ernährungssituation … mit allen negativen Folgen, wie mangelnde Regeneration, schlechte Körperabwehr **und eine denkbar schlechte Ausgangsposition, um schlank zu sein und das Leben zu genießen!**

Um zu verstehen, was eine schlechte Ernährungssituation ist, musst du dir noch einmal vor Augen halten,

- ☒ dass dein Körper nur die aktuelle und vorangegangene Ernährungssituation beurteilen kann, nicht deine Pläne und Wünsche,

- ☒ dass dein Grundumsatz, der natürlich auch nachts abgefordert wird, den Großteil deines Energieverbrauchs ausmacht,

- ☒ dass eine Anpassung deines Energieverbrauchs an eine Unterversorgung viel schneller stattfindet als an eine ausreichende oder eine Überversorgung und

- ☒ dass die Verdauung von zusammengesetzten Mahlzeiten oder energiereicheren Lebensmitteln – und damit die Bereitstellung der Nahrungsenergie – mehrere Stunden erfordert.

Dein Körper wird jede länger dauernde oder häufiger wiederkehrende Unterversorgung als eine lebensbedrohliche Ernährungssituation deuten, auf die er reagieren muss, um sein Leben zu schützen.

Es gibt **einige typische Verhaltensmuster**, die für den Körper eine schlechte Ernährungssituation darstellen müssen, und die wir alle mehr oder weniger in unserem Alltag wieder finden. Deshalb will ich in der Folge drei genauer beschreiben:

- ☹ Verzicht auf das Frühstück

- ☹ Diäten oder Fasten und

- ☹ vom Gewissen ausgelöste Schwankungen.

Ein sehr weit verbreitetes Ernährungsfehlverhalten in Zeiten der Terminjagd und des Arbeits- und Freizeitstresses ist der **Verzicht auf das Frühstück**.

Du musst bedenken, dass dein Körper nachts sehr viel leisten musste, indem er dich am Leben erhalten hat. Da der Grundumsatz den überwiegenden Teil des Energieverbrauchs ausmacht und du mehrere Stunden jede Nacht schläfst, bedeuten die Nächte für den Körper harte Arbeit.

Die abendliche Nahrung, die dem Körper aufgrund der langen Verdauungszeit am Abend noch **nicht** komplett zur Verfügung gestanden hat, nützt dir in der Nacht und am folgenden Morgen auch nicht, weil die Verdauung über Nacht ruht, aber die Mikroorganismen im Darm aktiv sind und die Nahrung auswerten. Die einzige Folge abendlicher Nahrungsaufnahme ist eine Überflutung des Darms mit Abbauprodukten der Mikroorganismen, die die Darmschleimhaut mittelfristig schädigen können.

Somit leidet dein Körper bei einem Frühstücksverzicht jeden Morgen starken Mangel und wird sein Stoffwechselniveau zwangsläufig drosseln, weil er nicht einplanen kann, dass du selbstverständlich über Tag und abends die versäumte Mahlzeit nachholen willst. Dass die Verdauung von energiehaltigen Mahlzeiten sehr viel Zeit in Anspruch nimmt, verlängert die Unterversorgungsphase des Körpers. Dass zudem leicht verdauliche, energiearme Lebensmittel zum Frühstück, wie etwa Obst, Joghurt etc, die Ernährungssituation nicht verbessern können, wird nachvollziehbar, wenn du bedenkst, **dass das Überleben in der Nacht unter guten Stoffwechselbedingungen über 500 kcal gekostet haben müsste.** Und der Energiebedarf baut sich mit der morgendlichen Leistungsbereitschaft weiter auf.

Häufige Erklärungen für ein derartiges Verhalten sind, dass morgens keine komplette Mahlzeit vertragen wird, und dass kein Hunger vorhanden ist.

Dass auch ein Frühstück – wie jede Mahlzeit – eine nachmahlzeitliche Müdigkeit auslöst, ist verständlich, wird doch zur Verdauung ein großer Teil des Blutvolumens im Magen-Darm-Trakt benötigt. Du darfst dabei nicht vergessen, dass unser Körper nicht für die modernen Lebensbedingungen geschaffen ist. **Und ein bisschen Müdigkeit nach dem Frühstück ist die bessere Alternative als ein niedriges Stoffwechselniveau.**

Falls du keinen Hunger morgens verspürst, liegt das daran, dass du dich bereits an den morgendlichen Mangel gewöhnt hast, und / oder dass du morgens schon so „unter Adrenalin stehst", dass der Stress deinen Hunger überdeckt. Dass einige Leute behaupten, sie könnten kein Frühstück vertragen, hat dieselben Ursachen – starke Entwöhnung und morgendlicher Stress – in weit höherem Ausmaß, so dass der hohe Adrenalinspiegel schon „auf den Magen schlägt". ... Das ist diesen Menschen oft gar nicht bewusst, weil wir uns auch an Adrenalin gewöhnen.

Eine Ernährung ohne Frühstück kann mit einem guten Stoffwechselniveau nicht einhergehen, weil die Nacht einen großen Energiebedarf erzeugt hat, der sich am Morgen noch erheblich vergrößert. Und ein späterer Ausgleich der Unterversorgung ist nicht möglich.

Eine sehr häufige Reaktion auf die Unzufriedenheit mit dem eigenen Körpergewicht oder Spiegelbild ist die phasenweise, radikale Umstellung der Ernährung anhand mehr oder weniger moderner **Diäten oder** des **Fasten**s. Damit sollen in einer überschaubaren Zeit die angesammelten Folgen einer offensichtlich fehlerhaften Ernährung „ausgebügelt" werden. Dies wird durch viele Lifestyle-Magazine und Bücher unterstützt, weil Diät- oder Fastenpläne leicht zu vermitteln sind und meist einen kurzfristigen Erfolg bringen. ... **Dass dieser Erfolg regelmäßig von anschließenden Rückschlägen übertroffen wird, entzieht sich der nachvollziehbaren Verantwortung der Diätentwickler.**

Fast alle Diät- und Fastenpläne haben eine sehr energie- und salzarme Ernährung gemein. Da dein Körper – auch wenn er sich sehr schnell anpassen kann – eine gewisse Zeit zur Stoffwechselabsenkung benötigt, wird die anfängliche Unterversorgung zu einem Fettverlust führen. Um die Größenordnung dieser Körperfettreduktion zu erkennen, musst du bedenken, dass 1 kg Körperfett – inklusive des enthaltenen Wassers – über 7.000 kcal Energie speichert. Je nach Stoffwechselniveau vor Beginn der Diät kannst du täglich 500 kcal bis 1.500 kcal einsparen, so dass in einer Woche **theoretisch 0,5 bis 1,5 kg Körperfett** abgebaut werden könnten, ... **aber eine ganze Woche braucht dein Körper nicht um sich** – so gut wie möglich – **auf die schlechte Ernährungssituation einzustellen.**

Wieso zeigt die Waage viel größere Gewichtsveränderungen?

Die zweite Besonderheit der Diäten und des Fastens ist die sehr geringe Aufnahme von Salz. Da Salz sehr viel Wasser bindet, und deine Nieren täglich Salz ausscheiden, verlierst du Salz und Flüssigkeit. Das erfolgt weder bei vernünftigen Diäten noch beim Fasten in gesundheitsbedrohlichem Ausmaß, aber es macht sich auf der Waage schnell „mit einigen Kilogramm" bemerkbar. Das Wasser wird nach der Rückkehr zur normalen Ernährung sofort wieder aufgefüllt, **so dass große Gewichtsschwankungen durch Diäten und Fasten zu beobachten sind und mit deinem Körperfett fast** <u>nichts</u> **zu tun haben.**

Natürlich wird durch die Diät oder das Fasten dein Stoffwechselniveau weiter abgesenkt, sofern das noch möglich ist. Da im Anschluss regelmäßig wieder recht zügig das vorherige Essverhalten aufgenommen wird, und sich der Stoffwechsel viel langsamer erholt, ist die folgende Fettzunahme vorprogrammiert. **Oft führen Diäten oder Fastenperioden damit insgesamt zu einer Körperfettzunahme.**

Eine weitere, typische Ernährungsfalle, sind **vom Gewissen ausge-**
lösten Schwankungen. Ich werde das anhand eines Beispiels darstellen, in dem sich fast jeder Ernährungs- und Körpergewichtsbewusste zumindest teilweise wieder finden wird – auch ich. ... Und da du dieses Buch liest, wirst du vermutlich auch dazu gehören.

Stelle dir vor, es steht ein langes Wochenende an, und du bist freitagabends zu einer Party eingeladen, gehst am Samstag shoppen und sollst am Sonntag zum Kaffeetrinken zu deinen Verwandten. Wenn diese Konstellation in eine sensible Phase fällt, in der du gerade nicht ganz mit dir zufrieden bist, wird das Wochenende möglicherweise wie folgt oder ähnlich verlaufen: *Spätestens am* **Donnerstag** *wird die Sorge um die Folgen des Wochenendes in deine Gedanken Einzug halten. Deshalb wirst du schon am Donnerstag weniger essen und vermutlich morgens damit anfangen. Da dein Körper die Änderung wahrnimmt, wird er dir abends – wenn du zur Ruhe kommst – Hunger signali-*

sieren, und möglicherweise wirst du dem nachgeben, denn – verglichen mit dem Wert aus der Verbrauchstabelle für einen vergleichbaren Durchschnittsmenschen – hast du ja heute sparsam gegessen.

*Der **Freitag** beginnt vielleicht ganz ohne Frühstück, damit du abends bei der Party auf nichts verzichten musst, und was du heute Morgen einsparst, kannst du abends doch mehr essen. Die Party verläuft dementsprechend hemmungslos, und weil du doch schon einigen Hunger aufgebaut hast, schmecken die Sachen auch alle ausgesprochen gut. Das eine Ebene tiefer gerutschte, schlechte Gewissen lässt dich schneller essen, so dass du den Sättigungszeitpunkt gar nicht bemerkst bzw bemerken willst. … Es ist ja die Ausnahme.*

*Der **Samstag** beginnt mit einem wieder aufgestiegenen, schlechten Gewissen, da der gestrige Abend doch schlimmer ausgefallen ist, als du dir vorgenommen hast. So hilft nur der Verzicht auf das eigentlich so gemütliche Samstagsfrühstück. Im Laufe des Shoppens kommt irgendwann doch der Hunger durch. Nach „Adam Riese" hast du heute aber – verglichen mit dem Wert aus der Verbrauchstabelle – mindestens so viel verzichtet, wie du gestern übertrieben hast. Deshalb kann ein großer Cappuccino und ein Stück Kuchen nicht schaden. Am Abend meldet dein Körper einen essentiellen Salzmangel, und mit mäßigem Gewissen kannst du irgendwann den Chips oder der Pizza nicht länger widerstehen.*

*Der **Sonntag** führt dich über einen schlecht gestimmten Vormittag ohne jede Nahrungsaufnahme zum Kaffeetrinken bei deinen Verwandten, wo du widerwillig alle drei selbst gemachten Torten deiner Oma probierst. Und in deinen Gedanken wird der Ruf nach einer Diät, einer Fastenwoche oder zumindest einer deutlichen Einschränkung laut.*

Mit dieser Darstellung möchte ich mich nicht lustig machen. Sie beinhaltet Gedanken und Handlungen, die **jeder** Ernährungs- und Gewichtsbewusste bei sich wieder findet.

Das liegt daran, dass wir alle von einem völlig <u>falschen</u> Ernährungsbild geprägt sind:

- ☹ von konstanten Verbrauchswerten aus Tabellen,
- ☹ von der simplen Energiebilanzrechnung mit „Kalorien zählen",
- ☹ von der Mär von gesunden Lebensmitteln und „Ernährungssünden" und
- ☹ von der Unwissenheit über **unseren** Stoffwechsel.

Und weil dieses falsche – nicht halbrichtige sondern falsche – Ernährungsbild über Jahrzehnte in unseren Köpfen verankert worden ist, wird es über unser Gewissen immer wieder mitreden. **Deshalb ist es umso wichtiger, dass du deinen Stoffwechsel richtig verstehen lernst:**

Der dargestellte Ablauf hat zur Folge, dass sich schon am **Donnerstag** eine Absenkung des Stoffwechselniveaus anbahnt, was der Körper abends durch den Hunger signalisiert. Für das energiereiche Wochenende ist das eine denkbar ungünstige Ausgangssituation.

Da das abendliche Essen das Stoffwechselniveau so kurzfristig nicht berührt, und der **Freitag** bis zum Abend die schlechte Ernährungssituation noch bestätigt, geht es mit einem niedrigen Energiebedarf in die abendliche Völlerei. Das lange Aufbleiben bei der Party bedeutet zwar einen etwas höheren Energieverbrauch auf insgesamt niedrigem Niveau, in erster Linie führt es aber dazu, dass die deutliche Überversorgung auch tatsächlich vom Körper ausgenutzt werden kann, ... **zur Vorsorge in Form von Körperfettbildung.**

Mit den **folgenden Tagen** wird das niedrige Stoffwechselniveau bestätigt, da sich die morgendliche Unterversorgung wiederholt und die abendliche Überversorgung keine Stoffwechselerholung bewirken kann. So werden der samstägliche Kuchen, die abendliche Pizza und die sonntäglichen Torten zwangsweise zu weiteren Fettpolstern führen.

Die erschreckende Bilanz dieses <u>einen</u> Wochenendes ist ein stark ausgebremster Stoffwechsel und eine Fettzunahme von bis zu 1 kg, ... ohne dass sich viele ihrer Fehler überhaupt bewusst sind.

Mit diesen Beispielen alltäglichen Ernährungsverhaltens und dem Wissen, dass __du__ deinen Energieverbrauch von unter 1.000 kcal bis deutlich über 2.000 kcal einstellst, wird verständlich, wie wichtig es für dich ist, deinen Stoffwechsel zu verstehen und die Ernährung als ganzes zu betrachten.

__Wie stelle ich den Stoffwechsel ein?__

Nachdem ich drei Beispiele von missglückter Beeinflussung unseres Energieverbrauchs dargestellt habe, möchte ich jetzt aufzeigen, dass wir nicht Gefangene des „Stoffwechselschicksals" sind, sondern unser Stoffwechselniveau aktiv und zielgerichtet steuern können.

Dafür ist es wichtig, dass du dir die wichtigsten **Grundregeln des Stoffwechsels** wieder in Erinnerung rufst:

- ☒ Dein Körper kann nur die aktuelle und vorangegangene Ernährungssituation beurteilen, nicht deine Pläne und Wünsche berücksichtigen.
- ☒ Dein Grundumsatz macht den Großteil deines Energieverbrauchs aus und wird auch nachts abgefordert.
- ☒ Eine Anpassung deines Energieverbrauchs an eine Unterversorgung erfolgt viel schneller als an eine ausreichende oder eine Überversorgung.
- ☒ Die Verdauung von zusammengesetzten Mahlzeiten oder energiereicheren Lebensmitteln – und damit die Bereitstellung der Nahrungsenergie – brauchen mehrere Stunden.

Mit diesen Regeln im Bewusstsein und dem Ziel das Stoffwechselniveau auf einen möglichst hohen Stand zu bringen, treten zwei Begriffe in den Mittelpunkt: __Gleichmäßigkeit und Rechtzeitigkeit__. Diese beiden Eigenschaften der Nahrungs- und damit Energieaufnahme – verbunden damit sich von der Überbewertung einzelner Mahlzeiten oder Lebensmitteln zu lösen – sind der **Schlüssel zu einem guten Stoffwechselniveau**, also einem hohen Energieverbrauch, … und damit einer stabileren Gesundheit, einer besseren Fitness

und einer guten Ausgangsposition, um schlank zu sein und das Essen zu genießen!

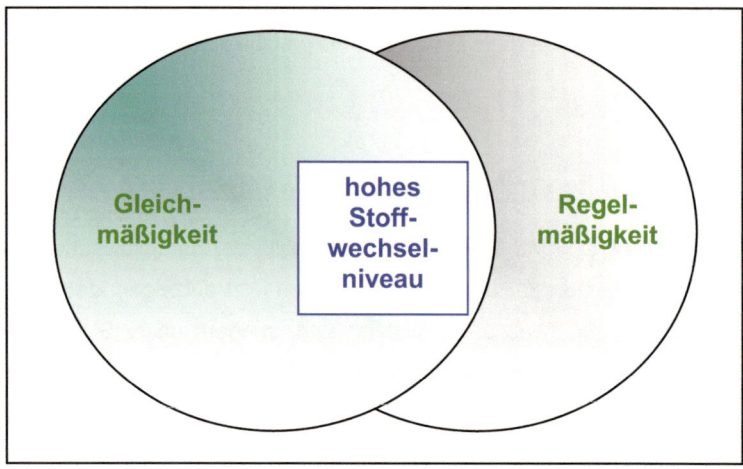

Abb 2: *Die beiden wichtigsten Voraussetzungen für ein hohes Stoffwechselniveau*

Wie muss ich den Begriff **<Gleichmäßigkeit>** verstehen?

Weil der Körper ständig seine Ernährungssituation feststellt und auf eine Unterversorgung sehr viel schneller reagiert als auf eine ausreichende Energiezufuhr, ist es wichtig, dass du jeden Tag ähnlich viel und ausreichend Energie aufnimmst. Dazu brauchst du keine „Kalorien zählen" oder jeden Tag dasselbe essen, sondern verstehen, welche Aufgaben die Mahlzeiten haben, und wie sie diese erfüllen. Dann wirst du wesentlich weniger über das Essen nachdenken, „Ernährungssünden" nicht mehr als solche ansehen und dich intuitiv sehr gleichmäßig ernähren, … **und du kannst alles essen.**

Der Grund dafür, dass ernährungs- und körperbewusste Menschen zunehmen, ist nicht die eine fett- und energiereiche Mahlzeit oder das eine unkontrollierte Wochenende, sondern die Tatsache, dass sie ihren Körper zur Sparsamkeit zwingen.

Das möchte ich an einem Rechenbeispiel verständlicher machen: *Nehmen wir an, du hast deinen Körper mit einer vorsichtigen, unregelmäßigen Ernährung und zusätzlicher sportlicher Belastung auf einen – sehr realistischen – Energieverbrauch von 1.200 kcal pro Tag eingestimmt, indem du an den Wochentagen meist mit dieser Menge auskommst.*

*An **jedem** Tag, an dem du ausgehst, einlädst oder aus einem anderen Grund energiehaltiger isst oder Alkohol trinkst, wirst du dann zu viel Energie aufnehmen, die der Körper als Fett abspeichert, … bei einem so niedrigen Energieverbrauch ist eine Überversorgung von 1.000 kcal sehr schnell erreicht. Das wird im Durchschnitt jedes Wochenende mindestens einmal vorkommen.*

Da es sich dabei nicht um eine gleichmäßig erhöhte Energieaufnahme handelt, kann dein Körper seinen Energieverbrauch nicht anheben. Somit resultiert jedes Jahr eine Überversorgung von mindestens 52 mal 1.000 kcal, … und es werden – unter Berücksichtigung des Verbrauchs bei der Umwandlung – ca 4 kg neues Körperfett jährlich an dir haften bleiben. Natürlich wirst du versuchen dem zu begegnen, indem du eine Diät einlegst, fastest oder einfach ab und zu so wenig isst, dass deine Stoffwechselanpassung dem nicht folgen kann, also deutlich unterhalb 1.000 kcal pro Tag.

*Und in **jeder** Jahresbilanz bleibt für dich eine geringe Fettzunahme, ein auf seinem niedrigen Niveau bestätigter Stoffwechsel, tägliches Hungern und „Kalorien zählen" und ein ständig präsentes schlechtes Gewissen, dass dir den Spaß am Essen fast verleidet.*

Dass ein gesundes Stoffwechselniveau von über 2.000 kcal diese Probleme nicht kennt, muss ich sicher nicht mehr vorrechnen. Und eine **Körperfettabnahme** ist mit einem Energieverbrauch deutlich unter 2.000 kcal **fast unmöglich**, wenn du bedenkst, dass nur 1 kg Körperfett über 7.000 kcal speichert.

Noch wichtiger ist allerdings, dass dir folgendes klar geworden ist: Nicht die eine Pizza, die zwei Stücke Torte oder das hemmungslose Wochenende waren Schuld daran, dass du zugenommen hast, sondern deine alltägliche, zu energiearme Ernährung. **Denn die ca 500 kcal einer Tafel Schokolade sind im Vergleich zu den 1.000 kcal, die du <u>jeden</u> Tag zu wenig verbrauchst, harmlos!**

Bei diesen Überlegungen ist es wichtig, sich daran zu erinnern, dass der Körper seinen Stoffwechsel nur deshalb sehr schnell auf eine Unterversorgung einstellt, weil er unsere Lebensbedingungen im Nahrungsüberfluss nicht kennt und das Leben schützen will.

Eine Anhebung des Energieverbrauchs muss dabei immer sehr viel langsamer erfolgen, weil den positiven mittel- und langfristigen Folgen, wie bessere Regeneration und Körperabwehr, die Informationskosten der Umstellung gegenüber stehen. Dies und die Tatsache, dass dein Körper den Willen nicht berücksichtigen kann, die unterlassene Nahrungsaufnahme abends, am Wochenende oder nach der Diät nachzuholen, führen dazu, **dass nur eine gleichmäßig ausreichende Energieversorgung ein gutes Stoffwechselniveau bewirken kann.**

Was heißt in diesem Zusammenhang **<u><Rechtzeitigkeit></u>**?

Das Überleben der Nacht hat den Körper sehr viel Energie gekostet, weil der Grundumsatz den Großteil des Energiebedarfs ausmacht, und die dafür verantwortlichen, lebenserhaltenden Funktionen auch nachts benötigt werden. Da unser Verdauungssystem über Nacht ruht, und die noch nicht vollständig verdaute Nahrung von der Darmflora genutzt wird, beginnst du den Morgen regelmäßig mit einem Energiemangel. Dieser wird noch durch die morgens ansteigende Leistungskurve weiter aufgebaut. **Eine Energiezufuhr ist also morgens dringend notwendig!**

Dass diese natürlich eine nachmahlzeitliche Müdigkeit hervorruft, ist verständlich, erfordert die Verdauung doch einiges an Blut, das dem Gehirn und der Muskulatur nicht zur Verfügung steht. Außerdem haben sich viele das morgendliche Essen abgewöhnt oder sind morgens schon so angespannt, dass sie keinen Hunger mehr verspüren. Sollte dir vom Frühstück sogar übel werden, deutet das auf einen extrem hohen morgendlichen Adrenalinspiegel hin, den du aufgrund der Gewöhnung möglicherweise nicht mehr als Stress wahrnimmst.

Der hohe Energiebedarf am Morgen macht das Frühstück aber unentbehrlich für ein gutes Stoffwechselniveau, ... und damit auch für deine Leistungsfähigkeit. Ein Verzicht am Morgen muss zwangsweise zu einer Reaktion deines Körpers, also zu einer Absenkung des Energieverbrauchs, führen.

Unsere Verdauungszeit reicht von etwa einer halben Stunde für sehr leicht verdauliche, energiearme Lebensmittel bis zu mehreren Stunden für komplette Mahlzeiten. Das verlängert die Unterversorgungsphase und wirft die Frage auf, ob ein leichtverdauliches Frühstück, das seine geringe Energie schnell frei gibt, oder ein energiehaltiges komplettes Frühstück besser ist.

Das leicht verdauliche Frühstück steht deinem Körper zwar schnell zur Verfügung, kann aber den inzwischen entstandenen, großen Energiebedarf nicht einmal ansatzweise decken. Und da du nicht den gesamten Morgen gegen den sich weiter aufbauenden Energiebedarf leicht verdauliche Lebensmittel „anessen" willst, **muss das Frühstück eine komplette energiereiche Mahlzeit sein.**

Rechtzeitigkeit muss sich also auf ein Frühstück gründen. Nur so kannst du verhindern, dass dein Körper seinen Energieverbrauch absenkt.

Darüber hinaus bewirkt die lange Verdauungszeit in Verbindung mit der Tatsache, dass die Verdauung nachts ruht, dass du deinen Körper **vorwiegend** in der ersten Tageshälfte versorgen musst. Ein in die zweite Tageshälfte verlagertes Essen   ist für deinen Körper nicht mehr rechtzeitig und stellt eine schlechte Ernährungssituation dar. **Also beschreibt das Sprichwort „morgens wie ein Kaiser, mittags wie ein König und abends wie ein Bettelmann" die Rechtzeitigkeit sehr gut.**

In der **Kombination** heißt eine gleichmäßige und rechtzeitige Ernährung, dass du <u>jeden</u> Tag in der ersten Hälfte ausreichend und energiereich isst, um dein Stoffwechselniveau zu heben. Damit **allein** erreichst du schon, dass du gesünder und leistungsfähiger bist und weniger zunimmst.

Wenn du gen Abend auch noch auf leichter verdauliche, energieärmere Kost umsteigst, schonst du deinen Darm und wirst bzw bleibst schlank.

Durch die gleichmäßige und rechtzeitige, ausreichende Energiezufuhr ernährst du dich im Sinne der Grundregeln des Stoffwechsels, weil dein Körper trotz des nächtlichen Energieverbrauchs und der langen Verdauungszeit eine möglichst gute Ernährungssituation feststellt und deshalb keine Absenkung des Energieverbrauchs vornehmen muss.

Hilft das Gefühl Hunger dabei?

Nein, … unter den heutigen Alltagsbedingungen **verschlimmert** es häufig sogar Fehleinschätzungen und führt zu noch ungünstigerem Ernährungsverhalten!

Mir wird oft gesagt: „Ich esse, wenn ich Hunger habe, und mein Körper wird schon wissen, was für ihn gut ist". Richtig daran ist, dass unser Körper sich in fast allen Fällen selbst zu helfen weiß und nicht auf Hilfe von außen angewiesen ist. Ebenfalls richtig ist, dass Hunger und Durst Signale unseres Körpers sind, die auf eine schlechte Ernährungssituation hinweisen und uns zum Essen oder Trinken verleiten sollen.

Aber gerade beim Hunger ist es sehr wichtig, dass du dir vergegenwärtigst, dass der Körper für ganz andere Lebensbedingungen geschaffen ist. Dein Körper geht davon aus, dass er alle Situationen alleine bewältigen muss, und kann nicht einplanen, dass du viele überlebensfeindliche Situationen selbst **bewusst** herbeiführst, wie zB den zeitweisen Verzicht darauf zu trinken oder zu essen, obwohl du Durst oder Hunger verspürst, die gewollte Konfrontation mit gefährlichen Situationen, zB im Straßenverkehr oder in der Freizeit, oder den alltäglichen Terminstress.

Hunger ist ein Signal des Körpers und gibt die Ernährungssituation wieder. Diese ist ein Bestandteil des gesamten Gesundheitszustandes und damit die Ausgangsposition für den Körper, grundsätzliche Einstellungen vorzunehmen, wie die Höhe des Adrenalinspiegels, also den Stresszustand, und das Stoffwechselniveau. Dazu muss der Körper alle wahrgenommenen Informationen sammeln und gewichten.

Weil die erste Regel deines Körpers ist, dein Leben **jetzt** zu schützen, und er bewusste Planungen nicht einbeziehen kann, beurteilt er dabei ausschließlich nach der **Schmerzpyramide**. Diese bewertet alle Schmerzarten nach ihrer augenblicklichen Lebensbedrohlichkeit und besagt, **dass der bedrohlichere Schmerz den weniger bedrohlichen überdeckt.**

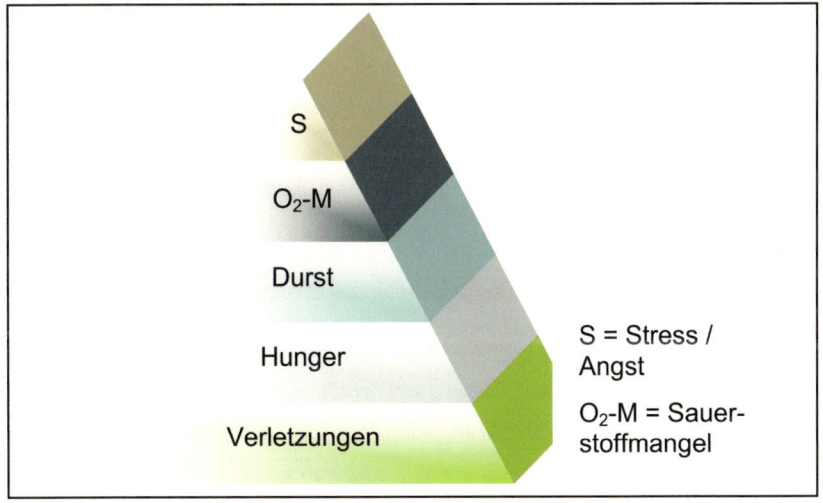

Abb 3: *Schmerzpyramide mit von oben nach unten abnehmender Lebensbedrohlichkeit*

Natürlich können diese Schmerzen unterschiedlich intensiv auftreten, was die Reihenfolge beeinflusst. Wenn du dir aber überlegst,

☠ dass in Angstsituationen oft wenige Sekunden über Leben und Tod entscheiden,

☠ dass dein Körper nur wenige Minuten ohne Sauerstoff auskommt,

☠ dass ein Flüssigkeitsentzug nach wenigen Tagen nicht mehr mit deinem Überleben vereinbar ist,

☠ dass du aber einige Wochen ohne Essen auskommen kannst und

☠ dass Verletzungen meist von deinem Körper selbst ausgeheilt werden,

wird dir die unterschiedliche Qualität dieser Schmerzen bewusst.

Und dieses Phänomen ist uns im Alltag durchaus vertraut.

Du wirst die Situation kennen, dass du dich beim Sport verletzt hast und trotzdem weiter machen konntest. Erst am Abend hast du dann die Schmerzen wahrgenommen. Dein Körper hat die Verletzung so eingestuft, dass er sie selbst beheben kann, und deshalb war der Sportstress für ihn bedrohlicher. Als du abends zur Ruhe gekommen bist, hat der Stress die Verletzungsschmerzen nicht länger verdeckt.

Nach einem Autounfall wird dir jeder Polizist und Rettungssanitäter raten dich beim Arzt untersuchen zu lassen, weil es allenthalben bekannt ist, dass du die Verletzungsschmerzen aufgrund der starken Stresssituation nicht bemerkst.

Wenn du beim Sport sehr ins Schwitzen gekommen bist und somit einen hohen Flüssigkeitsbedarf aufgebaut hast, wirst du – wenn die Anspannung nachlässt – zuerst Durst verspüren, auch wenn du seit Stunden nichts mehr gegessen hast. Erst nachdem du etwas getrunken und damit den Durst gestillt hast, wird sich dein Hunger durchsetzen.

Heutzutage ist ein Schmerz so allgegenwärtig geworden, dass seine vielen Behandlungsformen boomen: <u>Stress</u>! Überall kannst du von den unterschiedlichsten Entspannungsübungen lesen, sehen und hören, weil unser

Alltag mit Terminjagd und Informationsüberflutung eine Flucht kaum möglich macht. Unsere Gedanken können sich an Schmerzen gewöhnen, so dass sich viele gar nicht im Stress vermuten, aber für unseren Körper bleibt er unverändert.

Weil dein Körper nur eine Form von Stress kennt, nämlich die akute Bedrohung seines Lebens, zB durch ein wildes Tier oder eine Naturkatastrophe, **rangiert dieser Schmerz immer oberhalb des Hungers und Durstes.** Dein Körper kann also nicht unterscheiden, ob gerade eine Flutwelle nach dir greift, oder du nur deinen nächsten Geschäfts- oder Friseurtermin verpasst. Deshalb hat das Gefühl Hunger heute immer noch dieselbe Bedeutung wie vor etlichen tausend Jahren, wird aber so regelmäßig von anderen Wahrnehmungen überdeckt, **dass es als Signal meist zu spät kommt.**

Warum wird so wenig vom Stoffwechsel und so viel von „guten und schlechten Lebensmitteln" berichtet?

Die Ernährung verbindet den Körper, der Energie und Nährstoffe benötigt, und die Lebensmittel, die beides enthalten. Im Mittelpunkt der Ernährungsberatung stehen aber fast ausschließlich die Lebensmittel.

Der Bedarf des Körpers an Energie und Nährstoffen ist anpassungsfähig, damit dein Leben nicht durch die ständigen Schwankungen in der Ernährungssituation gefährdet wird. Da die ursprüngliche Lebenssituation uns Menschen mit erheblichen Schwankungen in der Nahrungsmittelversorgung konfrontiert hat und heute immer noch seine Stoffwechselreaktionen bestimmt – denn evolutorische Veränderungen gehen über Jahrtausende vonstatten –, ist die Anpassungsfähigkeit unseres Stoffwechsels überragend. Mit diesen Zusammenhängen beschäftigt sich die **Stoffwechsellehre.**

Die unzähligen Lebensmittel, die heute in unserer Ernährung eine Rolle spielen, enthalten unterschiedlich viel Energie, die unterschiedlichsten Nährstoffe und andere Substanzen, auf die unser Körper reagiert. Diese Lebensmittel in überschaubare Gruppen einzuteilen, sowie die Energiegehalte und die wichtigen Inhaltsstoffe mit deren Auswirkungen zu vermitteln, leistet die **Lebensmittellehre**.

Die Einstellung unseres Stoffwechsels umfasst einen sehr großen Bereich von über 1.000 kcal pro Tag und wird über das Ausmaß an Wärmeproduktion, Regeneration und Körperabwehr gesteuert. Damit hängen deine Gesundheit, dein Körpergewicht und deine Fitness sehr stark von deinem Stoffwechselniveau ab.

Der Gehalt unserer Lebensmittel an Energie, Nährstoffen und anderen Wirksubstanzen schwankt stark. So reicht der Energiegehalt von wenigen kcal pro 100 g Gemüse bis zu 600 kcal in 100 g Nüssen. Für essbare Mengen gängiger Lebensmittel erreichen die größten Unterschiede etwa das Niveau der Stoffwechselschwankungen.

Somit sind der Einfluss des Stoffwechselniveaus und der Lebensmittelwahl auf die Qualität deiner Ernährung, und damit auf deine Gesundheit, dein Körpergewicht und deine Leistungsfähigkeit, etwa gleich groß.

Dennoch beschäftigt sich die Literatur für den Ernährungsinteressierten fast ausschließlich mit gesunden und ungesunden Lebensmitteln, erscheinen die wenigen Versuche, den Stoffwechsel zu erklären, geradezu „stümperhaft", wird die Leserschaft / Zuhörerschaft mit auf sie nicht anwendbaren statistischen Werten von zu viel und zu fett essenden Durchschnittsdeutschen „beschimpft" und retten sich renommierte Ernährungsberater und Ärzte in **immer dieselben falschen** – nicht halbrichtigen sondern falschen – Tipps, wie **„Iss weniger und fettärmer".**

Warum ist das so?

Zum einen muss ein Ernährungsexperte natürlich selbst die Funktionsweise unseres Stoffwechsels so lückenlos verstanden haben, dass er es auch schrittweise so erklären kann, dass sein Zuhörer **alles versteht und es umsetzen kann.** Ich habe in den Jahren so viele halbherzige und falsche Erklärungsversuche gelesen und gehört, was darin gipfelt, dass immer noch verbreitet wird, Sport kurbele ernährungs<u>un</u>abhängig den Stoffwechsel an, **dass ich den meisten Ernährungsexperten dieses Verständnis abspreche.**

Außerdem erfordert es viel Zeit, Geduld und Einfühlungsvermögen die Funktionsweise unseres Stoffwechsels einem Ernährungsinteressierten so zu vermitteln, … **und aufgrund der jahrelangen falschen Beeinflussung auch regelmäßige Erinnerung.**

Auf der anderen Seite ist die Verbreitung von Lebensmittelweisheiten so viel einfacher und besser in das geforderte Format zu pressen, und wird durch die regelmäßigen Ergebnisse neuer Analysen der unzähligen Lebensmittel, Zubereitungsmöglichkeiten und Veränderungen der Lebensmittel während der Zubereitung unterstützt. **Damit kommt die lebensmittelorientierte Ernährungsberatung sowohl den nicht hundertprozentig informierten oder den ökonomisch denkenden Ernährungsexperten als auch dem typischen Zeitschriftenformat entgegen.**

Die wesentlichen Foren für die Ernährungsberatung sind heutzutage fünfminütige Fernsehinterviews, überschaubare Zeitschriftenartikel und Bücher wie dieses. Die ersten beiden Formate eröffnen gar nicht die Möglichkeit die Funktionsweise unseres Stoffwechsels ausreichend zu vermitteln. Und die mir bekannten Bücher sind entweder Erfahrungsberichte von Anwendern, die ein entsprechendes Wissen nicht haben können, oder Anleitungen so genannter Ernährungsexperten, … **und die präsentieren immer wieder dieselben <u>falschen</u> Weisheiten, weil sie entweder Ihre Leserschaft nicht kennen, oder es selbst nicht besser wissen.**

Essen wir wirklich zu viel und zu fett?

Da du dieses Buch liest, ist es höchstwahrscheinlich, dass du <u>nicht</u> zu viel und zu fett isst. Es ist viel wahrscheinlicher, dass du zu wenig isst.

Regelmäßig wird in Deutschland – und vielen anderen Ländern – anhand umfangreicher Befragungen der **Ernährungsstatus** ermittelt. Diese Zusammenstellung von Durchschnittswerten über die tägliche Lebensmittelaufnahme in Abhängigkeit von demografischen Faktoren, wie Bildung, Bevölkerungsdichte etc, wird für wirtschaftliche und politische Zwecke benötigt und gerne auch von Ernährungsberatern gelesen.

Bei diesen Ermittlungen kommt für Deutschland, also einem Land mit Nahrungsmittelüberfluss, heraus, dass der deutsche „Durchschnittsmann" annähernd 4.000 kcal täglich und über 100 g Fett und die deutsche „Durchschnittsfrau" über 3.000 kcal und etwa 100 g Fett verspeisen. Verglichen mit sämtlichen Empfehlungen kommt der Ernährungsberater natürlich zu dem Schluss, dass dies viel zu viel Energie und viel zu viel Fett ist.

Aber was bedeutet das für dich?

Diese Werte geben den **statistischen Durchschnitt** der Bevölkerung eines Landes wieder, in dem sich – trotz verbreiteter Armut – immer noch die meisten Menschen regelmäßig das zu essen kaufen können, was sie gerne essen möchten. Und da Essen auch eine sehr wichtige psychologische und gesellschaftliche Funktion hat, ist das bei Menschen, die sich nicht so sehr für ihre Gesundheit und ihre Figur interessieren, grundsätzlich zu viel, … und schmackhaft, also energie- und fettreich.

Meine Erfahrungen mit Ernährungs- und Figurbewussten haben mir gezeigt, dass sie grundsätzlich <u>nicht</u> zu denen gehören, die den Durchschnitt heben. Das ist auch leicht zu verstehen, weil seit Jahrzehnten von Ernährungsexperten gepredigt wird, weniger und fettärmer zu essen, … und *das hat sich im Unterbewusstsein und im Gewissen der Zuhörer <festgefressen>.*

Wenn du dir vergegenwärtigst, dass 3.000 kcal einer Menge von 6 Tafeln Schokolade entsprechen, die du jeden Tag essen müsstest, **wird dir klar werden, dass <u>du</u> auch nicht zu den <überfütterten Durchschnittsdeutschen> gehörst.** Wenn also die so genannten Ernährungsexperten einmal wieder raten, „wer abnehmen wolle, müsse weniger und fettärmer essen", richtet sich das an ganz andere Adressaten, ... **nur die hören gar nicht zu!**

Teil II:

Inhaltsstoffe in

Lebensmitteln

Wie viel Wissen über Lebensmittelinhaltsstoffe ist wichtig?

Wir werden seit Jahrzehnten mit Informationen über Nährstoffe und ungünstige Inhaltsstoffe in Lebensmitteln „bombardiert". **Der allergrößte Teil dieser Informationen ist für unsere Ernährung <u>völlig bedeutungslos</u>!**

Der Überfluss an Informationen über Nährstoffe und Lebensmittel hat seinen Grund darin, dass es Unmengen an Lebensmitteln gibt, die viele verschiedene Inhaltsstoffe haben, auf unterschiedlichste Art zubereitet werden können und dabei oft deutliche Veränderungen in der Zusammensetzung, der Konsistenz und dem Geschmack erfahren. Es ist einfach, diese Informationen einem Leser oder Zuhörer darzustellen, und es lassen sich wohl portionierte Informationsmengen abgrenzen, wie zB „die Inhaltsstoffe der Kartoffel", „die Erhitzungsmöglichkeiten für Gemüse" oder „die Veränderungen des Kaffees bei der Entkoffeinierung".

Und wer von konstanten Verhältnissen unseres Stoffwechsels ausgeht, kann diesen Informationen auch eine extreme Bedeutung beimessen.

Dagegen ist es ungleich schwerer, die Funktionsweise unseres Stoffwechsels zu erklären. Hier kann ich kaum Informationseinheiten abgrenzen; vielmehr muss ich logisch die Zusammenhänge komplett darstellen, so dass es am Ende für den Leser oder Zuhörer klar ist, **dass der Körper nur auf diese Weise <u>auf sein Verhalten</u> reagieren kann, weil er in erster Linie das Leben schützt.** Weil dieses Wissen nicht einfach zu vermitteln ist und sich nicht auf ein Format von zwei DIN A4-Blättern pressen lässt, werden wir auch weiterhin von unzähligen Informationen über Nährstoffe und Lebensmittel überhäuft.

Wie viel musst du davon wissen, um dich gesund ernähren zu können?

Die extrem große Anpassungsfähigkeit deines Stoffwechsels und, dass du mit deinem Verhalten deinen Energieverbrauch selbst einstellst, hat dir die **überragende Bedeutung des Stoffwechselniveaus** verdeutlicht. Um dich gesund zu ernähren und damit leistungsfähig und schlank zu sein, musst du wissen, wie dein Stoffwechsel funktioniert, also wie dein Körper auf verschiedene Ernährungssituationen reagieren muss, und welche Lebensmittel diese Ernährungssituationen bedingen.

Demnach musst du wissen, wie viel Energie einzelne Lebensmittelgruppen ungefähr enthalten, und welche Hauptnährstoffe (Kohlenhydrate, Proteine und Fette) in ihnen vorkommen, ... und du brauchst einige ausgesuchte Informationen über die Inhaltsstoffe. Viele dieser Informationen kann dir übrigens dein Geschmack mitteilen. Spezielles Wissen über einzelne Lebensmittel ist nicht erforderlich.

Weil du nur ein Rumpfwissen benötigst, ist dies in den folgenden Kapiteln geordnet und so kurz und präzise, wie es mir sinnvoll erscheint, zusammengefasst.

Welche Inhaltsstoffe sind von Bedeutung?

Wenn wir die Inhaltsstoffe der Lebensmittel nach ihrer Wichtigkeit für dein Überleben ordnen, lassen sie sich in folgende **Gruppen** einteilen:

(1) Wasser, auf das du nur wenige Tage verzichten kannst,

(2) energiehaltige Hauptnährstoffe, die in Abhängigkeit von deinem Körperfettanteil mehrere Wochen durch gespeicherte Energie ersetzt werden können,

(3) Hauptnährstoffe, die als Baustoffe verwendet werden und der Regeneration oder der Neubildung während des Wachstums dienen,

(4) weitere Nährstoffe, wie Mineralstoffe und Vitamine, die an einzelnen Aufgaben beteiligt sind und aufgrund ihrer Ausscheidung in geringen Mengen benötigt werden, und

(5) unverdauliche Ballaststoffe, die eine reibungslose Passage der Nahrung durch deinen Magen-Darm-Trakt und eine Regulierung deiner Darmflora bewirken.

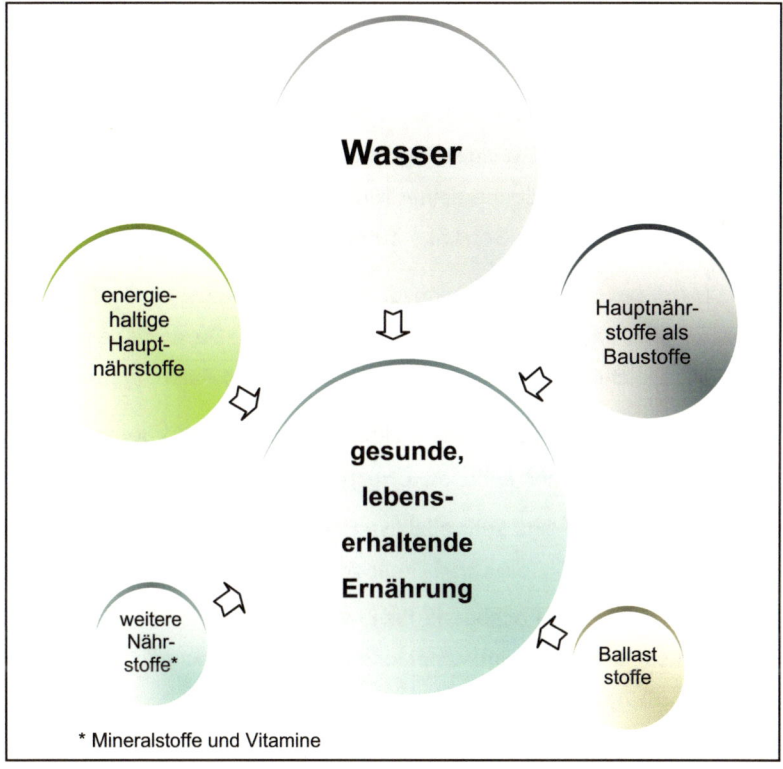

Abb 4: Bedeutung der Inhaltsstoffe in Nahrungsmitteln für unser Überleben

Unser Körper besteht zu etwa zwei Drittel aus **Wasser**, weil die wässrige Umgebung die Voraussetzung für nahezu alle Vorgänge in unserem Körper ist. Deshalb ist unser Wasserhaushalt sehr aufwendig reguliert, und ein größerer Flüssigkeitsverlust mit dem Leben nicht vereinbar.

Wir nehmen Wasser sowohl durch feste Lebensmittel als auch durch Getränke auf. Während Getränke überwiegend aus Wasser bestehen, reicht der Wassergehalt fester Lebensmittel von über 90 %, zB bei Suppen, bis zu annähernd 0 % bei Trockenprodukten. Wenn du deinen Geschmackssinn bewusst wahrnimmst, ist er in der Lage, dir ziemlich genau den Flüssigkeitsgehalt von Lebensmitteln mitzuteilen.

Um kurzfristig leistungsfähig zu bleiben, musst du mindestens die über Harn, Kot und Schweiß ausgeschiedene Menge an Flüssigkeit ersetzen. Um eine mittelfristige Schädigung deiner Nieren zu vermeiden, **solltest du täglich ca 1,5 l Flüssigkeit über Getränke aufnehmen.**

Mit dem Grundumsatz benötigt dein Körper selbst im Schlaf ständig Energie, … und mit jeder Tätigkeit braucht er mehr. Da er diese in Form von Körperfett speichern kann, ist er nicht auf die ständige Zufuhr angewiesen.

In der Nahrung gibt es drei Stoffgruppen, die dein Körper zur Gewinnung von Energie heranziehen kann, die **energiehaltigen Hauptnährstoffe**:

- Nahrungsfette sind sehr effektive Energieträger mit einem Energiegehalt von ca 9 kcal / g, die vom Körper vollständig verwertet werden können,

- Proteine ist der Fachbegriff für Eiweiß, das der Körper überwiegend als Bausubstanz benötigt, unter ungünstigen Bedingungen aber auch zur Energiegewinnung verwenden kann, und

- Kohlenhydrate sind einfache und komplexe Zucker, die sich gut für die Energiebereitstellung eignen und – wie Proteine – einen Energiegehalt von ca 4 kcal / g aufweisen.

Von den genannten **Hauptnährstoffen** werden die Fette und Proteine außerdem als **Baustoffe** für die Regeneration von abgestorbenen Zellen oder die Neubildung während des Wachstums benötigt.

Auch hier erfolgt eine Speicherung, damit für die Erholung schnelllebiger Gewebe, wie zB der Haut, ständig Baustoffe zur Verfügung stehen. Speziell für die mittelfristige Erhaltung der Gesundheit durch eine gut funktionierende Regeneration und Körperabwehr ist es wichtig, dass du die Speicher regelmäßig wieder auffüllst.

Es gibt noch eine Fülle **weiterer Nährstoffe**, die du über die Nahrung in kleineren Mengen aufnehmen musst, weil dein Körper sie nicht selbst herstellen kann.

Dazu zählen in erster Linie die Mineralstoffe als eine Gruppe von ionischen Metallen oder Verbindungen, die in geringen Mengen Baustoffe darstellen und überwiegend an der Kommunikation der Organe beteiligt sind, und die Vitamine. Letztere sind eine inhomogene Gruppe von organischen Verbindungen, die als Katalysatoren an einzelnen Stoffwechselprozessen mitwirken. Fast wöchentlich wurden eine Zeit lang immer neue Substanzen vorgestellt, die im µg-Bereich im Körper vorkommen und irgendeine bisher unbekannte Funktion haben.

Gemein ist allen diesen Nährstoffen, dass dein Körper sie nicht verbraucht, sondern in geringen Mengen ausscheidet. Da sie weit überwiegend wasserlöslich sind, musst du sie in geringen Mengen regelmäßig zuführen. **Bei einer vielseitigen und ausreichenden Ernährung ist ein Mangel höchst unwahrscheinlich.** Eine einseitige Ernährung kann jedoch Versorgungslücken nach sich ziehen.

Grundsätzlich wird die Bedeutung dieser Substanzen deutlich überbewertet. Ein Mangel an Nahrungsenergie wiegt ungleich schwerer, … und eine ausreichende Versorgung mit Energie geht oft mit einer ausreichenden Versorgung mit Mineralstoffen und Vitaminen einher.

Unter die **unverdaulichen Ballaststoffe** fallen energiehaltige Inhaltsstoffe, die für unseren Körper nicht verwertbar sind, wie zB Pflanzenfasern. Diese binden während ihres Aufenthalts im Darm Wasser und bewirken dabei über den ansteigenden Druck auf die Darmwand eine Beschleunigung der Darmpassage. Dadurch wird die Schleimhaut kürzer mit aggressiven Verbindungen aus der Nahrung oder Stoffwechselprodukten der Darmflora konfrontiert und geschützt. Auch die Aufnahme von ungünstigen Substanzen aus dem Darminhalt in das Blut wird durch Ballaststoffe mengenmäßig begrenzt.

Deshalb sind Ballaststoffe für deine Ernährung unentbehrlich.

Wenn du die im folgenden dargestellten Grundlagen zu diesen Inhaltsstoffen kennst, hast du <u>genügend</u> Informationen über Lebensmittel, um ein gutes Stoffwechselniveau zu erreichen und deinen Körper ausreichend mit allen Nährstoffen zu versorgen.

Was muss ich über Fette wissen?

Die stets gescholtenen Fette sind die reichhaltigsten Energiespeicher der Lebensmittel und der wirtschaftlichste deines Körpers.

Allen Fetten ist gemein, dass der Energiegehalt mit ca 9 kcal / g sehr hoch ist, dass sie vom Körper vollständig verwertet werden können, und dass sie langsam verdaut werden. **Damit eignen sich fetthaltige Lebensmittel dann besonders gut, wenn du deinem Körper viel Energie zuführen willst, und diese längerfristig zur Verfügung stehen soll.**

In den meisten Fällen kann dein Geschmackssinn einen höheren Fettgehalt anhand der Konsistenz des Lebensmittels gut feststellen, so zB an der Cremigkeit der Schokolade, der Sahnigkeit von Milchprodukten, der Öligkeit von pflanzlichen Produkten oder der mangelnden Faserigkeit von fettem Fleisch.

Nahrungsfette bestehen aus Glycerin als Bindeglied und bis zu drei anhaftenden Fettsäuren. Wegen ihrer unterschiedlichen Bedeutung werden die Fettsäuren in gesättigte, einfach und mehrfach ungesättigte eingeteilt. Während alle diese Fettsäuren als Energiespeicher dienen, können nur die mehrfach ungesättigten als Baustoffe für Zellmembranen und für einige andere Funktionen verwendet werden. Sie kommen in einigen Pflanzenölen, wie Sonnenblumen-, Lein- oder Distelöl, in Getreideprodukten, Nüssen und im Fischfett vor und sind sehr hitzeempfindlich.

Wenn du ausreichend und ausgewogen isst, nimmst du damit auch ausreichend **mehrfach ungesättigte Fettsäuren** auf. Solltest du einen Mangel befürchten, kannst du dem entgegen wirken, indem du zwei- bis dreimal die Woche ein paar Esslöffel der genannten Pflanzenöle <u>unerhitzt</u> zB mit Salat zu dir nimmst.

Aufgrund einiger wichtiger Unterschiede ist es sinnvoll Fette in tierische und pflanzliche zu unterteilen.

Tierische Fette sind arm an mehrfach ungesättigten Fettsäuren und dafür mit ungünstigen Substanzen vergesellschaftet. Das tierische **Cholesterin** ist ein wichtiger Baustoff, der aber bei übermäßigem Verzehr zu Arteriosklerose führt. Außerdem sind im Fett viele Giftstoffe, wie Arznei- oder Mastmittel, enthalten, die das Tier im Laufe seines Lebens angesammelt hat. Diese Giftstoffe nehmen wir dann beim Essen teilweise mit auf und können sie nur sehr langsam über die Leber wieder ausscheiden, was bei zu regelmäßigem Genuss schleichende Vergiftungen hervorruft.

Das Milchfett als besonderes tierisches Fett ist zwar ebenfalls mit Cholesterin und anderen Giftstoffen belastet, wird aber von deinem Körper viel schneller verdaut als anderes tierisches Fett.

Pflanzliche Fette sind reich an mehrfach ungesättigten Fettsäuren und enthalten cholesterinähnliche Substanzen, die die Aufnahme von Cholesterin hemmen. Auch pflanzliche Fette sind nicht frei von Giftstoffen aus der Pflanzenproduktion aber weniger belastet, weil sie weniger Zeit haben, sie anzusammeln.

Fette sind wichtige Bestandteile der Lebensmittel, weil sie viel E-nergie enthalten und diese langsam zur Verfügung stellen. **Pflanzliche Fette sind die beste Wahl, und Milchfett ist das bessere tierische Fett.**

Welche Informationen über Proteine sind wichtig?

Der Fachbegriff Proteine bezeichnet Eiweiß, das eine wichtige Funktion als Baustoff unseres Körpers hat, im Notfall aber auch zur Energiegewinnung herangezogen werden kann.

Proteine bestehen aus 20 Aminosäuren und können – je nach Funktion des Proteins als Muskelbestandteil, Hormon, Enzym etc – vom Körper zusammengesetzt werden. Dazu sind acht dieser Aminosäuren nicht durch andere austauschbar, so dass die Qualität eines Proteins sehr von seinem Gehalt an diesen **essentiellen Aminosäuren** abhängt.

Dein Körper versucht immer einen Speicher an wichtigen Aminosäuren zu erhalten, um die teilweise sehr spontan benötigten Proteine, wie zB Hormone, herzustellen. **Deshalb musst du deinem Körper regelmäßig Proteine zuführen,** damit er je nach Bedarf Gewebe regenerieren oder Boten- und Wirkstoffe herstellen kann.

Wenn du deinem Körper nicht genügend Energie in günstigerer Form, also aus Fetten oder Kohlenhydraten, anbietest, greift er auch auf Proteine zurück. Die enthaltene Energie kann er nur zu etwa 4 kcal / g nutzen. Da außerdem bei dieser Nutzung Stickstoff anfällt, welches die Nieren schädigt, ist die Verwendung zur Energiegewinnung nicht optimal. **Sie zeigt aber, wie bedeutend die Energieversorgung für deinen Körper ist, indem selbst so wichtige Baustoffe benutzt werden.**

Dein Geschmackssinn kann den Proteingehalt von Lebensmitteln nur indirekt feststellen, wenn sie weder besonders wässrig oder süß sind, noch aufgrund ihrer Konsistenz einen hohen Fettgehalt vermuten lassen.

Weil Proteine so wichtig für deine Ernährung sind, will ich hier – in der erforderlichen Ausführlichkeit – **den Proteingehalt und die Qualität** in unseren Lebensmittelgruppen aufführen:

☺ Fleisch, Fisch und Ei: sehr viel Eiweiß, gute Qualität,

☺ Milch und Milchprodukte: viel Eiweiß, gute Qualität,

☺ Getreide und Getreideerzeugnisse: recht viel Eiweiß, mäßige Qualität,

☹ und Gemüse und Obst: wenig Eiweiß, mäßige Qualität.

Eine ausreichende und ausgewogene Ernährung garantiert auch eine gute Versorgung mit Proteinen und allen wichtigen Aminosäuren. Solltest du **vegetarisch** essen, kommt den Milchprodukten eine wichtige Bedeutung als Proteinquelle zu. Bei einem vollständigen Verzicht auf tierische Lebensmittel ist eine ausreichende Proteinversorgung in Menge und Qualität nur möglich, wenn du regelmäßig ausreichend isst.

Was sind Kohlenhydrate und wo kommen sie vor?

Der Ausdruck Kohlenhydrate als Sammelbegriff für die verschiedenen, Energie liefernden Zucker in Lebensmitteln bezieht sich auf die chemische Zusammensetzung.

Die Bausteine der Kohlenhydrate, die Zucker, kommen einzeln bzw in Zweierverbindungen oder in Strukturen aus sehr vielen Einzelzuckern vor und liefern deinem Körper beim vollständigen Abbau ca 4 kcal / g Energie.

Dabei sind sie der Mittelpunkt der **kurzfristigen Energiebereitstellung**, weil nur sie auch zur Energiegewinnung unter Abwesenheit von Sauerstoff genutzt werden können. Das ist bei jeder intensiveren, körperlichen Belastung der Fall. Wir sind dann nicht mehr in der Lage, mit der Atmung genügend Sauerstoff aufnehmen und befinden uns in der so genannten anaeroben Phase.

Für Sportler sind Kohlenhydrate zudem sehr interessant, weil bei der Energiegewinnung aus ihnen weniger Sauerstoff benötigt wird. Das bedeutet, dass bei gleicher Atmung mehr Leistung abgefordert werden kann. Deshalb versuchen Leistungssportler, die – insgesamt sehr geringe – Speichermenge von Kohlenhydraten im Körper zu erhöhen.

Wenn Zucker einzeln oder in Zweierverbindungen vorkommen, schmecken sie süß und sind von deinem Geschmackssinn eindeutig zu erkennen.

Bei geringerem Gehalt, wie in Gemüse, Obst oder Milch, fällt der süße Geschmack unauffällig bis angenehm aus, während größere Mengen sehr zuckerhaltiger Lebensmittel, wie Honig oder Süßigkeiten, aufdringlich süß schmecken.

Mit dieser Wahrnehmung teilt dir dein Körper mit, dass **kurzkettige Kohlenhydrate** schnell verdaut werden und in großen Mengen das Blut überschwemmen. Um einen bedenklich hohen Blutzuckerspiegel zu verhindern, muss dein Körper viel Insulin ausscheiden, das die Abgabe des Blutzuckers an die Zellen und die dortige Umwandlung in Körperfett anregt. In der Folge fällt der Blutzuckerspiegel so sehr ab, dass sich Müdigkeit einstellt.

Die größeren Verbindungen aus vielen Zuckereinheiten werden **langkettige Kohlenhydrate** genannt und schmecken erst nach sehr langem Kauen süß. Ihre Verdauung dauert sehr lange, so dass sie deinem Körper über eine längere Zeit gleichmäßig Energie liefern können. Dabei wird der Insulinspiegel im Blut nur geringfügig angehoben.

Die beiden wichtigen Verbindungen für uns sind Glykogen, die Speicherform unseres Körpers für Zucker, und Stärke, die in der Nahrung vorkommt, und zwar in nennenswerter Menge nur in Getreide und Getreideprodukten und in Kartoffeln. Alle anderen langkettigen Kohlenhydrate stellen für unseren Körper Ballaststoffe dar.

Die überragende Bedeutung der Kohlenhydrate bei der kurzfristigen Energiebereitstellung und die Tatsache, dass einige Gewebe, wie unsere Nerven, nur die Energie aus Kohlenhydraten gewinnen, **unterstreichen den großen Wert für die Ernährung.**

Dabei sind die langkettigen Kohlenhydrate als Energielieferant am besten von allen Nährstoffen geeignet.

Kurzkettige Kohlenhydrate bewirken immer eine deutliche Erhöhung des Insulinspiegels, so dass ein abendlicher Verzehr mit niedrigem Adrenalinspiegel zwangsläufig zur Körperfettbildung kommt.

<u>Welche Bedeutung haben die Mineralstoffe?</u>

Als <Mineralstoffe> wird eine große Zahl ionischer Salzbildner bezeichnet, die unserem Körper als Bausubstanzen oder Botenstoffe dienen.

Die wichtigsten sind **Natrium** als Botenstoff der Nerven, **Kalium**, das Wasser in den Zellen bindet, **Magnesium** und Calcium für die Muskelfunktion, **Calcium** als Bestandteil der Knochen, **Eisen** für die Sauerstoffbindung im Blut, **Chlorid** in Form der Magensäure, **Carbonat**, um die Säure im Blut zu puffern, und **Phosphat** für die kurzfristige Speicherung und Freisetzung von Energie. Viele weitere ionische Substanzen nehmen irgendwo im Körper in sehr geringen Mengen an einzelnen Abläufen teil; sie werden deshalb auch Spurenelemente genannt.

Alle diese Stoffe werden von deinem Körper nicht verbraucht oder abgebaut, aber sie werden mit dem Harn, Kot und Schweiß laufend in geringen Mengen ausgeschieden. **Deshalb musst du sie deinem Körper mit der Nahrung zuführen.** Und je mehr du schwitzt, desto mehr an Mineralstoffen braucht dein Körper.

Da die Mineralstoffe sehr ungleichmäßig in unseren Lebensmitteln vorkommen, erhöht eine einseitige Ernährung das Risiko, gewisse Mineralstoffe nicht ausreichend zu erhalten.

Eine zentrale Bedeutung bei der Versorgung mit Mineralstoffen kommt deinen Getränken zu, weil diese durch die Wasseraufnahme **immer** ein Ausspülen von Mineralstoffen über die Nieren zur Folge haben. **Insofern sind mineralstoffarme Getränke, wie Leitungswasser, Kaffee und Tee, eine schlechte Wahl.**

Die sehr ungleichmäßige Verteilung der Mineralstoffe in Lebensmitteln und die überall angebotenen **Nahrungsergänzungsmittel** verleiten dazu, möglichen Mangelsituationen durch hohe Gaben vorzubeugen.

Mineralstoffe sind zwar in der ausgeschiedenen Menge für deinen Körper wichtig, sie werden **in größeren Mengen aber auch sehr giftig.** Außerdem ist oft nicht die absolute Menge entscheidend sondern das Verhältnis zweier oder mehrerer Mineralstoffe. **Darum musst du bei der konzentrierten Ergänzung von Mineralstoffen vorsichtig sein.**

Der beste Weg eine ausreichende Versorgung mit Mineralstoffen zu erreichen ist, sich ausreichend und abwechslungsreich zu ernähren und dabei folgende **Grundsätze** zu beachten:

(1) Beim **Natrium** ist die Wahrscheinlichkeit einer Überversorgung viel größer als die eines Mangels.

(2) Ein **Kalium**mangel kann nur bei sehr obst- und gemüsearmer Kost oder einer Natriumüberversorgung vorkommen.

(3) Es gibt keinen akuten **Calcium**mangel sondern nur einen langfristigen, der sich in Knochenschäden äußert. Dem kannst du vorbeugen, indem du dauerhaft ein gutes Calcium-Phosphat-Verhältnis anstrebst. Wichtig dafür ist die Einbindung calciumreicher Lebensmittel, wie Milchprodukte, und neutraler, wie Obst und Gemüse, weil Fleisch, Fisch und Getreideprodukte sehr viel mehr Phosphat als Calcium enthalten.

(4) Grundlose Wadenkrämpfe deuten auf einen **Magnesium**mangel hin. Dieser ist heute sehr häufig, weil unsere Getreideprodukte zu stark verarbeitet sind. Hier macht eine regelmäßige Nahrungsergänzung **bis** zur Höhe des Tagesbedarfs von 300 mg Sinn.

(5) Deine **Eisen**versorgung kann durch den vollständigen Verzicht auf tierische Lebensmittel oder regelmäßige stärkere Blutverluste gefährdet sein. Gesundheitlich Folgen werden aber selbst bei gemessenem Mangel nicht beobachtet.

Was umfasst die Gruppe der Vitamine?

Auch die Vitamine sind eine große Gruppe verschiedener Verbindungen. Sie sind allesamt organisch und erfüllen unterschiedlichste Aufgaben. Zur Gruppe gehören die B-Vitamine, die an einzelnen Stoffwechselschritten beteiligt sind, Schutzsubstanzen, wie die Vitamine C und E, Vitamin A, das eine spezielle Funktion beim Sehen innehat, und die hormonähnliche Substanz Vitamin D.

So uneinheitlich diese Gruppe an Inhaltsstoffen auch ist, sie alle werden von deinem Körper nur in sehr geringer Menge benötigt, weil du sie nicht verbrauchst sondern ausscheidest.

Dabei sind die Vitamine A, E und D **fettlöslich** und können deshalb nur mit dem Kot ausgeschieden werden. Das ist der Grund, warum diese Vitamine länger im Körper verbleiben und nicht so regelmäßig zugeführt werden müssen. Die fehlende Wasserlöslichkeit bedeutet aber auch, dass eine großzügige Zufuhr dieser Vitamine zur Ablagerung und Vergiftung führt.

Vitamin A kommt nur in tierischen Lebensmitteln vor; in den fetthaltigen Organen, wie Gehirn, Leber und Nieren in großen Mengen, so dass eine Überversorgung schnell erreicht wird. Die pflanzliche Vorstufe β-Carotin wird von deinem Körper nur in der benötigten Menge aufgenommen, so dass eine Vergiftung ausgeschlossen ist.

Vitamin E wird aufgrund seiner Wirkung als Schutzstoff der Zellen gerne ergänzt. Da es nur mäßig giftig ist, gilt eine tägliche Zufuhr bis 400 mg als unbedenklich.

Vitamin D steuert die Aufnahme von Calcium und Phosphat. Es wird von unserem Körper aus seinen Vorstufen, die die Darmflora zur Verfügung stellt, unter Lichteinwirkung selbst hergestellt, so dass die Zuordnung zu den Vitaminen umstritten ist.

Die **wasserlöslichen** Vitamine werden mit dem Harn sehr viel gleichmäßiger ausgeschieden. Deshalb muss eine ausreichende Versorgung mit der Ernährung auch regelmäßiger erfolgen als bei den fettlöslichen; eine hohe einmalige Gabe kann nichts bewirken, weil dein Körper sich schnell entgiftet und die Gabe ausscheidet.

Vitamin C ist ein Schutzstoff, ähnlich wie das fettlösliche Vitamin E, was dazu führt, dass einige Leute es in abenteuerlichen Mengen ergänzen. Da es sich um eine recht starke Säure handelt, werden deine Nieren bei der Ausscheidung großer Mengen Vitamin C sehr belastet. Darum sollte eine Nahrungsergänzung unter 500 mg pro Tag liegen.

Die große Gruppe der B-Vitamine fasst wasserlösliche Verbindungen zusammen, die am Stoffwechsel der Hauptnährstoffe beteiligt sind. Sie sind in Getreideprodukten stark vertreten, und die erforderlichen Mengen sind so gering, dass eine Ergänzung nicht notwendig ist.

Eine Besonderheit stellt das Vitamin B_{12} dar, das an der Blutbildung beteiligt ist. Es wird nur im µg-Bereich benötigt und von unserem Körper für mehrere Jahre gespeichert. Die Aufnahme aus dem Darm erfolgt mittels einer Hilfssubstanz. Bei Schädigungen des letzten Dünndarmabschnitts kommt es zu einem Mangel an der Trägersubstanz, so dass ein Vitamin B_{12}-Mangel zwangsläufig folgt. Eine Ergänzung der Nahrung ist hier sinnlos.

Insgesamt ist mit einer abwechslungsreichen und ausreichenden Ernährung auch eine ausreichende Vitaminversorgung verbunden, weil die vielen verschiedenen Vitamine sehr gestreut vorkommen und nur in sehr geringen Mengen von deinem Körper benötigt werden. Die Ergänzung der Schutz-Vitamine kann hilfreich sein, sollte aber im genannten Rahmen bleiben, um den Körper nicht zu vergiften.

Gibt es „gute und schlechte Lebensmittel"?

Immer wieder wird von „guten und schlechten Lebensmitteln" geschrieben. Sie werden verteilt auf den einen Korb der gesunden, zucker-, fett- und kalorienarmen Nahrungsmittel, die viele Mineralstoffe und Vitamine enthalten, und den anderen mit Genussmitteln, die nur „leere Kalorien" bieten.

Diese Ernährungsweisheiten sind uns allen in den letzten Jahrzehnten immer wieder so nachdrücklich eingeimpft worden, dass wir ein unterbewusstes Gefühl mit dem Anblick eines Lebensmittels oder dem Gedanken daran verknüpft haben. Ich schätze, dass du auch das spontane schlechte Gewissen kennst, wenn du eine Tafel Schokolade, ein großes Grillsteak oder eine Sahnetorte siehst. Und verbindest du auch einen Apfel mit gesunder Ernährung?

Was ist dran – an dieser Polarisierung? ... **Nichts!**

Dein Körper benötigt Wasser, Energie und viele verschiedene Nährstoffe. Und diese Inhaltsstoffe braucht er – je nach Situation – in unterschiedlichen Verhältnissen. Er signalisiert es dir dadurch, dass nach dem Sport ein salz- oder zuckerhaltiges Lebensmittel besonders gut schmeckt, und dass dir nach zwei Tüten Chips ein Getränk viel erstrebenswerter vorkommt als eine weitere Tüte.

Die benötigten Inhaltsstoffe sind in unseren Lebensmitteln sehr stark gestreut und ungleichmäßig verteilt. So enthält ein Apfel zwar viel

Wasser, Mineralstoffe und einige Vitamine, dafür aber wenig Energie, kaum Proteine und andere Vitamine überhaupt nicht. Getreideprodukte sind stärkereich und haben viele B-Vitamine, können aber kaum Wasser, nur eine mäßige Proteinqualität und ein sehr schlechtes Calcium-Phosphat-Verhältnis aufweisen. **Und das macht es uns überhaupt erst möglich, auf verschiedene Ernährungssituationen zu reagieren.** Es gibt <u>kein</u> Lebensmittel mit der perfekten Zusammensetzung.

Mit der Entwicklung der Lebensmitteltechnologie sind Produkte entstanden, die auf ganz besondere Situationen zugeschnitten sind.

Da gibt es Bequemlichkeitsprodukte, wie Fertiggerichte, die in erster Linie auf die schnelle und einfache Zubereitung ausgerichtet sind, den Nahrungsersatz, der mit dem optimalen Nährstoffverhältnis wirbt, oder Genussmittel, die ganz speziell auf unseren Geschmack abzielen, wie die Schokolade, die bei Mundtemperatur schmilzt, eine cremige Konsistenz besitzt und so viel Fett enthält, dass der große Zuckeranteil nicht aufdringlich süß schmeckt. Auch diese Lebensmittel sind nicht perfekt. **Aber sie können in bestimmten Situationen die bessere Wahl sein, und sie aus unserer Ernährung zu verbannen, hieße, gute Möglichkeiten ungenutzt zu lassen.**

Stelle dir die Situation vor, dass dein Körper die Nacht – trotz des hohen Energieverbrauchs – überstanden hat und ein anstrengender Tag ansteht. Du willst deinen Körper nicht bestrafen und ihm eine größere Menge Energie anbieten, damit er seinen Stoffwechsel auf einem gesunden Niveau halten kann. Am Kühlschrank angekommen, erkennst du, dass deine Auswahl aus einem Apfel und einer Tafel Schokolade besteht.

Mit dem Apfel kannst du deinem Körper zwar Wasser, Mineralstoffe und einige Vitamine bieten, aber die Energie reicht nicht einmal für einen Bruchteil der Nacht aus. Wählst du den Apfel, wird dein Körper seinen Stoffwechsel absenken müssen. Er hat jetzt zwar ein paar Mineralstoffe und Vitamine mehr, kann aber aufgrund des Energiemangels nur noch ein Sparprogramm an Re-

generation und Körperabwehr „fahren". **Die Schokolade ist in diesem Fall die eindeutig <u>bessere</u> Wahl.**

Solltest du am Abend vor dieselbe Wahl gestellt werden, wird dir die Schokolade sicher einen erheblich größeren Genuss bereiten, weil du dich in Ruhe von dem Geschmack verwöhnen lassen kannst. In dieser Situation wird dein abgesenkter Adrenalinspiegel – in Verbindung mit der Zuckerüberschwemmung deines Bluts und der Insulinfreisetzung – für eine fast vollständige Speicherung in Form von Körperfett sorgen. **<u>Dieses Mal</u> ist die Schokolade die schlechtere Wahl.**

Eine Einteilung der Lebensmittel in gute und schlechte oder gesunde und ungesunde zeigt nur ein mangelndes Verständnis unseres Stoffwechsels, … und eine einseitige und <u>falsche</u> Beurteilung der Ernährung.

<u>Wie sinnvoll ist Nahrungsergänzung?</u>

Nahrungsergänzungsmittel sind Nährstoffeinzelpräparate oder Kombinationen mehrerer Nährstoffe, die zur Verhinderung oder Behandlung einer Unterversorgung eingenommen werden sollen. Häufig handelt es sich dabei Mineralstoffe und Vitamine.

Nach ihrer Wichtigkeit absteigend sortiert haben folgende Nährstoffe in Lebensmitteln eine Bedeutung für unser Überleben:

(1) Wasser
(2) energiehaltige Hauptnährstoffe
(3) Hauptnährstoffe, die als Baustoffe dienen und
(4) weitere Nährstoffe (Mineralstoffe und Vitamine).

Eine Unterversorgung mit **Wasser** führt schnell zu extremen Beeinträchtigungen und zum Tod.

Einen Mangel an **Hauptnährstoffen** beantwortet dein Körper innerhalb weniger Tage mit einem radikalen Notprogramm mit abgesenktem Stoffwechsel und der Freisetzung von stark schmerzlindernden Endorphinen, damit du aktiv bleibst, um den Mangel zu beheben.

Die nicht ausreichende Zufuhr an **weiteren Nährstoffen**, wie Mineralstoffen und Vitaminen, bewirkt einzelne Funktionsstörungen deines Körpers.

Diese Gewichtung findest du auch in den Beobachtungen von dauerhaft unterversorgten Menschen in den armen Ländern der Welt wieder. So leiden Menschen, die täglich mit Wasser und etwas Reis auskommen müssen, selbstverständlich einen Mangel an vielen Nährstoffen und bilden auch typische Vitaminmangelerscheinungen aus, aber sie bleiben überlebensfähig, bis sie an der Unterversorgung mit Wasser oder Energie sterben.

Wenn du deinem Körper regelmäßig zu wenig Energie und Hauptnährstoffe zur Verfügung stellst, und ihn damit zwingst seinen Energieverbrauch abzusenken, kann eine Nahrungsergänzung mit Mineralstoffen und Vitaminen keine wesentliche Besserung bewirken. Das geringe Stoffwechselniveau wird trotzdem zur Folge haben, dass dein Körper die Regenerationsmaßnahmen und die Körperabwehr beschränken muss und damit seine Gesundheit und Leistungsfähigkeit verschlechtert.

Durch eine ausreichende und abwechslungsreiche Ernährung kannst du einen Mineralstoff- und Vitaminmangel am besten verhindern.

An **Besonderheiten** gilt darüber hinaus:

- ☑ Bei unbedingten Krämpfen (zB nachts) ist eine Nahrungsergänzung mit Magnesium angezeigt.
- ☑ Die Zufuhr von Calcium ist empfehlenswert, wenn du keine calciumreichen Milchprodukte isst, und grundsätzlich während der starken hormonellen Umstellung der Menopause.
- ☑ Die Einnahme von Schutzstoffen, wie Vitamin A, C, E und Selen, kann hilfreich sein; bis zur empfohlenen Tagesdosis ist sie unproblematisch.

Teil III:

Der Ernährungsplan

Wie viel Ernährungsplan ist sinnvoll?

Ein Ernährungsplan ist gut, wenn er so viel Anleitung wie nötig und so wenig Einschränkung wie möglich beinhaltet. Dann fühlst du dich nicht eingeengt und musst nicht ständig über die Ernährung nachdenken oder auf alles verzichten, was du gern isst.

Wenn ein Ernährungsplan eine **klare Essanweisung** gibt, wirkt das zunächst bequem, aber diese kann deine persönlichen Vorlieben nicht berücksichtigen, nur eine sich irgendwann wiederholende Abwechslung und wenig Improvisationsmöglichkeiten bieten.

Falls deine Lieblingslebensmittel in der Anweisung nicht oder nur sehr begrenzt vorkommen, wirst du immer das Gefühl haben, auf etwas **verzichten zu müssen.** Dazu kannst du dich einige Zeit zwingen, aber das Verlangen wird immer mehr ansteigen.

Eine Essanweisung kann nur für ihre Dauer eine größtmögliche Abwechselung beinhalten. Damit **wiederholt sie sich zwangsläufig**, wenn du sie verlängerst. Deine eigene Kreativität findet keinen Eingang. Eine große Abwechslung in einem festen Plan bedeutet außerdem, dass mit Sicherheit Lebensmittel vertreten sein werden, die du gar nicht magst.

Dazu wird sich die Anweisung natürlich am normalen Lebensrhythmus orientieren. Damit **kann sie einen besonderen Tagesablauf und außergewöhnliche Situationen nicht erfassen.**

Aus all diesen Gründen kann eine klare Essanweisung als Ernährungsplan nur eine **Diät von bestimmter Dauer** sein, … mit dem Gefühl sich zusammenreißen zu müssen, damit es danach irgendwann wieder normal weitergehen kann.

Dass du damit nur einen geringen Verlust an Körperfett, einen erheblich größeren Wasserverlust und eine sehr deutliche Absenkung deines Stoffwechselniveaus erzielst, liegt an der schnellen Anpassung des Energieverbrauchs an die Unterversorgung. Somit ist die Wiederzunahme des Wassers und eines wahrscheinlich größeren Körperfettanteils im Anschluss vorprogrammiert, weil du deine Ernährung schneller wieder normalisierst, als sich dein Stoffwechsel erholt.

Deshalb muss dir ein guter Ernährungsplan so wenig Essanweisungen wie nötig geben und so viele Alternativen wie möglich aufzeigen.

Was sind die Grundpfeiler des Ernährungsplans?

Dein Ernährungsplan wird dich **am wenigsten** einschränken, wenn er dir die wichtigen Grundregeln erklärt, um

⊠ deinen Stoffwechsel positiv zu beeinflussen, und

⊠ so abwechslungsreich zu essen, dass du alle Nährstoffe in ausreichender Menge erhältst,

und dir gleichzeitig viele verschiedene Möglichkeiten dafür vorstellt.

Ein **hohes Stoffwechselniveau** setzt eine gleichmäßig ausreichende und rechtzeitige Versorgung des Körpers mit Energie voraus.

Nach der Energie zehrenden Nacht, in der dein Körper sämtliche lebenserhaltenden Aufgaben fortführen musste, hat sich der Energiebedarf morgens besonders aufgebaut. Ursächlich dafür ist, dass die abends aufgenommenen Lebensmittel nachts nicht verdaut werden und morgens nicht mehr zur Verfügung stehen, weil die Darmflora sie ausgewertet hat. In den leistungsbereiten Folgestunden des Morgens wird sich der Energiebedarf weiterhin erhöhen.

Aufgrund des hohen morgendlichen Energiebedarfs ist ein gutes Stoffwechselniveau <u>ohne</u> ein energiereiches Frühstück <u>nicht</u> denkbar.

Da es nicht bekömmlich ist, morgens so viel zu essen, dass du damit genügend Energie für die Nacht und den gesamten Morgen aufnimmst, **ist auch eine morgendliche Zwischenmahlzeit unumgänglich.** Und die kann nur etwas für den Stoffwechsel bewirken, wenn sie nicht lediglich aus schnell verdaulichem, energiearmem Obst besteht. Für das zweite Frühstück gelten inhalts- und mengenmäßig dieselben Bedingungen wie für das erste Frühstück. Nur damit kannst du deinem Körper eine vernünftige Basis für einen hohen Energieverbrauch liefern.

Auch das Mittagessen fällt noch in eine Zeit, wo die vollständige Verdauung und Energieausbeute nach ca 4 Stunden deutlich vor der abendlichen Ruhephase beendet ist. Deshalb kann eine Körperfettzunahme mit „Mittagskalorien" nichts zu tun habe; nicht einmal bei wenig anstrengender Büroarbeit, weil der Adrenalinspiegel trotzdem zu hoch ist. **Vielmehr hat ein energiereiches Mittagessen positive Auswirkungen auf das Stoffwechselniveau.**

Ab dem späteren Nachmittag stünde dem Körper die Energie langsam verdaulicher, energiereicher Lebensmittel erst so spät zur Verfügung, dass du schon zur Ruhe gekommen bist. Der niedrige Adrenalinspiegel und das nach dem Essen freigesetzte Insulin wenden den Körperstatus Richtung „Körperfettbildung".

Solltest du jetzt auch noch durch eine vorsichtige Ernährung in der ersten Tageshälfte den Energieverbrauch herabgeregelt haben, wiegt die abendliche Mahlzeit doppelt schwer. **Darum sind ab dem späteren Nachmittag nur noch energiearme, schnell verdauliche Lebensmittel sinnvoll.**

Wie wichtig es ist, dass du die Bedeutung der Gesamtausrichtung des Plans mit

(a) einer energiereichen und langsam verdaulichen Ernährung in der ersten Tageshälfte **und**

(b) der energiearmen, schnell verdaulichen Ernährung in der zweiten Tageshälfte

verstehst, will ich noch an einem Beispiel verdeutlichen:

*Wenn du deinen Körper dazu zwingst, mit einem niedrigen Energieverbrauch zu Recht zu kommen, indem du in der Woche wenig isst, sinkt der Grundumsatz besonders stark. Dieser Teil des Energieverbrauchs wird durch die Herabsetzung der Wärmeabgabe **und** die Einsparung einiger, kurzfristig unwichtigerer Aufgaben doppelt reduziert. Damit wird sich dein Energiebedarf in den stressarmen Abendstunden **besonders** verringern. Solltest du jetzt abends zB eine Pizza essen, wird von der Nahrungsenergie besonders viel für die Speicherung übrig bleiben.*

Hast du aber durch eine regelmäßig ausreichende Ernährung ein hohes Stoffwechselniveau erreicht, ist auch der abendliche Grundumsatz erheblich größer. Damit bleibt von der Pizza weniger Energie zur Speicherung über.

Eine abendliche „Ernährungssünde" wird immer erheblich mehr Schaden anrichten, wenn du tagsüber hungerst, als wenn du regelmäßig in der ersten Tageshälfte ausreichend isst.

Weil das Verständnis der **Grundpfeiler des Ernährungsplans** das <u>allerwichtigste</u> für eine erfolgreiche Umsetzung ist, habe ich sie noch einmal aufgelistet:

! **Dein Körper benötigt in der ersten Tageshälfte sehr viel Energie.**

! **Darum müssen zweites Frühstück und Mittagessen energiereich sein.**

! **Ab dem späteren Nachmittag sind energiearme Lebensmittel die bessere Wahl.**

! **Abendliche „Ernährungssünden" sind folgenschwerer, wenn du in der ersten Tageshälfte verzichtest.**

gesunde Ernähung				
energie-reiches, lang vor-haltendes Frühstück	energie-reiches, lang vor-haltendes 2. Frühs-tück	energie- und Nähr-stoff-reiches Mittag	energie-arme Nach-mittags-mahlzeit	energie-armes Abend-essen

Abb 5: *Die Grundpfeiler des Ernährungsplans*

Was muss das Frühstück leisten?

Dass du die Nacht überlebt hast, hat viel Energie gekostet, weil alle lebenserhaltenden Funktionen weiterlaufen mussten, und diese den Großteil des Energieverbrauchs ausmachen. Da du in den nächsten Stunden noch erheblich mehr Energie benötigen wirst, und die Lebensmittel vom Vorabend durch deine Darmflora verwertet worden sind, **musst du dem Körper morgens viel Energie zuführen,** wenn er nicht mit einer Stoffwechselabsenkung reagieren soll.

Danach wirst du eine nachmahlzeitliche Müdigkeit verspüren, weil ein Großteil des Bluts im Magen-Darm-Trakt benötigt wird. Diese Müdigkeit stellt aber eine viel geringere Beeinträchtigung des Körpers dar als ein niedriges Stoffwechselniveau, das mit fehlender Regeneration und verminderter Körperabwehr einhergeht und dich kaum ab- aber leicht zunehmen lässt.

Wenn du deinen Körper durch ständigen Verzicht bereits entwöhnt oder morgens schon einen so hohen Adrenalinspiegel hast, dass du nicht frühstücken kannst, musst du dich **langsam umgewöhnen.** Mit kleinen Frühstücksportionen anfangend kannst du deinen Körper wieder auf die morgendliche Nahrungsaufnahme einstellen und deinen Morgenstress langsam abbauen. Die

Portionen steigerst du wöchentlich etwas, so dass du nach einem Monat beim ausreichenden Frühstück angekommen bist.

Weil diese Umstellung etwas Geduld verlangt, musst du dir vor Augen halten, **dass der Erfolg ein höheres Stoffwechselniveau und weniger Stress ist, so dass du gesünder und leistungsfähiger lebst und leichter abnehmen bzw dein Gewicht halten kannst.**

Für das Frühstück bieten sich als **Hauptbestandteil Getreideprodukte** an. Sie beinhalten überwiegend langkettige Kohlenhydrate, die viel Energie spenden und langsam vom Körper aufgenommen werden.

Ob du dabei Müsli oder Brot vorziehst, spielt keine Rolle. Jedes auf Getreide basierende Lebensmittel hat Vor- und Nachteile. So ist Weißbrot arm an Mineralstoffen, Vitaminen und Ballaststoffen aber auch am bekömmlichsten und deshalb gut geeignet, wenn du Müsli und Vollkornprodukte nicht gut verträgst. Müsli ist oft mit Mineralstoffen und Vitaminen angereichert aber dafür auch sehr zuckerhaltig, was den Zähnen schaden kann. Und Vollkornprodukte enthalten einen natürlich hohen Mineralstoff- und Vitamingehalt und viele Ballaststoffe, belasten aber die Verdauung; am verträglichsten unter den Vollkornprodukten ist das Weizenvollkornbrot.

Es gibt also **kein** perfektes Hauptlebensmittel für das Frühstück, **nur auf Getreide sollte es basieren.** Du hast die Möglichkeit zu wechseln und zu kombinieren.

Wenn du deine ganz persönlichen Ernährungsprobleme kennst, solltest du mit deiner Wahl darauf reagieren. So macht Weißbrot keinen Sinn, wenn du unter Verstopfung leidest. Wenn du obst- und gemüsearm lebst, müssen die Getreideprodukte diese Schwäche mit auffangen; das können nur Vollkornprodukte oder nährstoffangereichertes Müsli. Viele Menschen bekommen bei Sauerteigprodukten Sodbrennen und Magendruck. Dann sollte der Verzicht auf Roggenprodukte die Folge sein.

Womit kannst du die Getreideprodukte ergänzen?

Bei **Müsli** und ähnlichen Produkten ist die Kombination mit Milch üblich. Dabei kommt es nicht auf den Fettgehalt der Milch an. Von Vollmilch zum Frühstück wirst du **nicht** zunehmen. Ganz im Gegenteil: der Energiebedarf ist morgens so groß, dass die zusätzliche Energie des gut verdaulichen Milchfetts sehr hilfreich ist. Über Cholesterin und andere fettlösliche Problemstoffen in Milch musst du dir keine Gedanken machen, wenn das Müsli viele Ballaststoffe enthält und somit die Aufnahme der betreffenden Substanzen behindert.

Wenn du keine Milch verträgst, kann die Verbindung mit Soja- oder Reismilch oder mit Saft eine Möglichkeit sein.

Zu **Brot** sind viele Variationen möglich. Von diversen Wurst- und Käsesorten über Salat- und Quarkkreationen bis zu den süßen Alternativen. **Du hast die freie Wahl!** Es kommt nicht auf den Belag an, sondern darauf, dass er mengenmäßig nicht überwiegt.

Es ist also **egal**, ob du morgens 45 %-igen Käse, Wurst, Krabbensalat, Quark mit Tomate, Butter, Margarine, Konfitüre oder Schokoladencreme auf das Brot legst. **Wichtig ist nur, dass das Brot nicht dünner als der Belag ausfällt.**

Natürlich nimmst du mit Margarine ungesättigte Fettsäuren zu dir und mit Wurst, Butter und Käse Cholesterin. **Der wichtigste Punkt ist aber, dass dir das Frühstück so gut schmeckt, dass du morgens gerne isst.** Und ein fetthaltigerer Belag zum Frühstück ist **nicht** die schlechtere Wahl, denn du strebst in der ersten Tageshälfte eine ausreichende Versorgung deines Körpers mit Energie an.

Die Gefahr der größeren Cholesterinaufnahme kannst du dadurch entschärfen, dass du ballaststoffreiches Vollkornbrot wählst.

Zusammenfassend ist die **entscheidende** Funktion des Frühstücks eine energiereiche Versorgung nach der zehrenden Nacht. Dabei sind fetthaltigere Bestandteile, wie Vollmilch zum Müsli oder Käse, Wurst, Salat oder Schokoladencreme auf dem Brot, die bessere Wahl als nährstoffreiche aber kalorienarme Alternativen, wie Quark mit Tomate, die zwar sättigen aber keine Energie liefern.

Du musst auch die psychologische Auswirkung bedenken: **Wenn du morgens regelmäßig deine „heiß geliebte" Wurst oder Schokolade – mit dem guten Gewissen es _richtig_ zu machen – isst, kommt abends bald kein unwiderstehlicher Appetit mehr auf.**

Wie viel zweites Frühstück brauche ich?

Die Aufgabe, den Körper morgens mit ausreichend Energie für die überstandene Nacht und den leistungsintensiven Morgen zu versorgen, kann das Frühstück nicht alleine erfüllen. Dafür müsste es mehr als 1.000 kcal bereitstellen, um ein gutes Stoffwechselniveau zu ermöglichen.

Da es nicht sinnvoll ist, das Frühstück so sehr zu überladen, weil dich das im Anschluss „lähmen" und den Magen krankhaft aufdehnen würde, musst du die Aufgabe auf ein erstes und ein zweites Frühstück verteilen. **Damit hat das zweite Frühstück dieselbe Funktion wie das erste und sollte auch etwa denselben Umfang haben.**

Es hat __absolut keinen__ Wert, am Vormittag einen Apfel oder einen Joghurt zu essen. Beide Lebensmittel sind energiearm, sättigen aber. Deshalb verhindern sie, dass du in der ersten Tageshälfte ausreichend isst, um dem Körper ein hohes Stoffwechselniveau zu ermöglichen.

Das erste Frühstück wird in etwa 4 Stunden vollständig abgebaut und liefert dem Körper so lange Energie. Wenn du 3 Stunden später etwas Obst, Gemüse oder einen Joghurt isst, wird der Magen wieder gefüllt, und du fühlst dich satt. Diese Lebensmittel werden aber innerhalb der restlichen Verdauungszeit des Frühstücks ebenfalls komplett ausgewertet. Etwa 4 bis 6 Stunden nach dem Frühstück wirst du das Mittagessen einnehmen, und es dauert weitere 1 bis 2 Stunden, bis dein Körper die erste Energie daraus gewinnt.

Somit erzeugst du durch eine kalorienarme morgendliche Zwischenmahlzeit ein Versorgungsloch um die Mittagszeit. *Diese zweite Unterversorgung am Tag – nach der nächtlichen – wird den Körper nicht unbeeindruckt lassen. Natürlich wird die Stoffwechselabsenkung nicht so deutlich ausfallen wie beim Verzicht auf das Frühstück aber merklich.*

Die morgendliche Zwischenmahlzeit hat eine wichtige Funktion. Sie übernimmt einen Teil der Aufgabe des Frühstücks; dieser kann gleich groß, etwas geringer oder etwas größer sein.

Damit gelten für das zweite Frühstück dieselben Voraussetzungen wie für das erste.

Hauptbestandteil müssen Getreideprodukte sein, mit allen oben aufgezählten Wahl- und Abwechslungsmöglichkeiten. Auch beim zweiten Frühstück ist es **nicht** sinnvoll, auf fetthaltigere Lebensmittel, wie Käse, Wurst, Salat oder Schokoladencreme als Brotbelag, zu verzichten.

Falls du mal so beschäftigt bist, dass du nicht dazu kommst, ein richtiges zweites Frühstück zu bereiten, **ist ein energiehaltiger Schokoladenriegel morgens auf jeden Fall die bessere Alternative als ein Stück Obst.** Natürlich solltest du dem zweiten Frühstück regelmäßig eine größere Bedeutung beimessen als dem Terminstress, denn es geht um dein Stoffwechselniveau und damit um deine Gesundheit.

Bei einer Vorliebe für Schokolade, Gebäck oder andere energiehaltige Genussmittel hat die morgendliche Einbindung gleich zwei Vorteile: du wirst davon kein Gramm Fett zunehmen, und du kannst dir den abendlichen Heißhunger ersparen.

Welche Funktion hat das Mittagessen?

Das Mittagessen soll die energiereiche Ernährung der ersten Tageshälfte vervollständigen. Mit der typischen Mittagszeit zwischen 11.^{30} Uhr und 14.^{00} Uhr wird es verdaut sein, bevor du abends zur Ruhe kommst. **Deshalb wird sich ein energiereiches Mittagessen nur positiv auf das Stoffwechselniveau auswirken,** ... besonders im Zusammenhang mit einem energiereichen ersten und zweiten Frühstück.

Eine Fettzunahme kann durch das Mittagessen nicht passieren, weil der Adrenalinspiegel in der Zeit, in der dein Körper die Energie erhält, noch zu hoch ist. Es bremst das Insulin aus, das die Fettspeicherung veranlasst.

Ein großer, knackiger Salat mit vielen Mineralstoffen, Vitaminen und Ballaststoffen und wenig Energie muss somit mittags ein schlechte Wahl sein, ... nicht eine recht gute, weil er so viele Nährstoffe enthält, sondern eine schlechte. Der Salat bietet zwar einige Nährstoffe, aber er ist sehr energiearm und sättigt. Da er vom Körper nach spätestens 2 Stunden vollständig verdaut ist, wird die Energieversorgung am späten Nachmittag einbrechen.

Bei einem guten ersten und zweiten Frühstück muss der Körper seinen Energieverbrauch nicht absenken. Aber er wird einen deutlichen Hunger am frühen Abend entwickeln, weil der noch hohe Adrenalinspiegel und die stockende Versorgung zum Absinken des Blutzuckerspiegels führen. Und damit hast du entweder einen leidensvollen Abend vor dir, oder du isst zu einer Zeit, zu der dein Körper Energieüberschüsse als Fett anlegt.

*Bei einem schlechten, energiearmen ersten und zweiten Frühstück ist die Auswirkung auf den Stoffwechsel **fatal**: der Körper muss einsparen. Und außerdem wird der abendliche Hunger dazu kommen, ... **die denkbar ungünstigste Konstellation.***

Obwohl die Voraussetzungen für das Mittagessen demnach genauso sind wie für das erste und zweite Frühstück, sollte es sich von ihnen unterscheiden. So kannst du eine gleichmäßigere Versorgung mit Nährstoffen erreichen. Dementsprechend sind die mittäglichen Essgewohnheiten auch andere als die morgendlichen.

Übereinstimmend sollte die **wesentliche Energie aus langkettigen Kohlenhydraten** stammen, weil sie den Körper über längere Zeit mit Energie versorgen und weniger belasten als Fette. Eine Energieversorgung über Eiweiß ist nicht gut, weil deren Verdauung den Darm und der anfallende Stickstoff die Nieren belasten.

Damit kommen als **Hauptbestandteile** des Mittagessens Kartoffeln, Reis, Nudeln oder Getreideprodukte in Frage.

Wie bei den Getreideprodukten zum Frühstück gibt es keine grundsätzlich beste Wahl. Die stärker verarbeiteten Lebensmittel, wie Kartoffelprodukte oder polierter Reis, enthalten weniger Nähr- und Ballaststoffe, während zB Vollkornnudeln nicht von jedem gut vertragen werden. **Du hast die freie Wahl und kannst nach Belieben austauschen.** Dabei solltest du persönliche Ernährungsschwierigkeiten berücksichtigen. Also sind Vollkornnudeln nicht sinnvoll, wenn dein Darm damit Probleme hat, und Kartoffelklöße nicht, wenn du unter Verstopfung leidest.

Als Ergänzung dazu sind etwas fetthaltigere Saucen unproblematisch, sofern sie nicht das Mittagessen dominieren. Schließlich willst du den Körper noch mit ausreichend Energie versorgen.

Bedenken solltest du dabei allerdings, dass das Mittagessen dich umso stärker ermüdet, je fettreiches es ist. Und die Zeit am frühen Nachmittag fällt sowieso in ein Leistungstal unseres Tagesrhythmus.

Über die **Proteinquellen zum Mittagessen** gelangt der Körper an die Baustoffe für die Regeneration, Hormone, Enzyme etc. Dafür ist eine regelmäßige Zufuhr wichtig. Da Proteine für die Energiegewinnung aber nicht gut geeignet sind, weil das Darm und Nieren belastet, sollten sie beim Mittagessen **nicht überwiegen.**

Fleisch, Fisch, Eier und Milchprodukte sind aufgrund ihrer hohen Proteinqualität ähnlich gut geeignet und haben allesamt ihre spezifischen Nachteile, wie Rückstände von Pflanzenschutzmitteln in Milch und Eiern, Medikamente in Fleisch oder Schwermetalle und Würmer in Fisch. Je fettreicher sie sind, desto mehr Problemstoffe enthalten sie.

Weil unser Körper gegen Giftstoffe und Mikroorganismen bis zu einer bestimmten Menge widerstandsfähig ist, schützt Abwechslung vor Vergiftungen. Auf diese Weise nimmst du nur so viel Beruhigungsmittel aus Schweinefleisch, Hormone aus Geflügel, Schwermetalle aus Fischen und Pestizidrückstände aus Milch auf, dass dein Körper sie rechtzeitig ausscheiden kann, bevor sie sich ansammeln.

Gemüse oder Salat sind eine wertvolle Ergänzung des Mittagessens, weil sie viele Nährstoffe enthalten und mit ihren Ballaststoffen die Aufnahme von Problemsubstanzen begrenzen. **Sie dürfen aber nur Beilage sein, die nicht sättigt,** wenn sie die Aufgabe des Mittagessens nicht behindern sollen. Je weniger verarbeitet Gemüse ist, desto mehr Nähr- und Ballaststoffe kann es beitragen.

Wenn du **keine Gelegenheit** hast, dir bei der Arbeit ein vollwertiges Mittagessen zu kochen oder zu besorgen, musst du dir mit einer frühstücksähnlichen Mahlzeit behelfen. Dann ist es besonders wichtig, dass du bei den drei Mahlzeiten der ersten Tageshälfte von den Variationsmöglichkeiten Gebrauch machst. Mit etwas Einfallsreichtum und Aufwand kannst du am Abend vorher auch Reis- oder Nudelsalate zurechtmachen, die als Mittagessen geeignet sind und Abwechslung bringen.

Falls du dich damit abfindest, vormittags oder mittags bei der Arbeit **keine Zeit zum Essen zu haben, nimmst du eine deutliche Minderung deiner Lebensqualität in Kauf,** denn nur mit einem guten Stoffwechselniveau sind eine gute Gesundheit, Leistungsfähigkeit und die Ausgangsposition verbunden, mit der du abnehmen oder dein Gewicht halten kannst, ... und damit sehr vieles, woran deine alltägliche Zufriedenheit hängt.

Was sollte ich nachmittags essen?

In der zweiten Tageshälfte ist es nicht mehr notwendig, den Körper mit viel Energie zu versorgen, ... und, wenn du abnehmen willst, auch nicht sinnvoll.

Der Körper wird sich spätnachmittags zunehmend auf Ruhe einstellen. Damit ist noch der Bedarf für die lebenserhaltenden Maßnahmen vorhanden, aber eine Überversorgung mit Nahrung führt zur Speicherung als Körperfett.

Der Verbrauch unseres Körpers für die lebenserhaltenden Aufgaben, also der Grundumsatz, stellt den Großteil des Energieverbrauchs. Dieser läuft natürlich auch am späten Nachmittag, am Abend und in der Nacht weiter. Um dem zu begegnen, solltest du nachmittags und abends schon noch essen. Du musst aber bedenken, dass eine komplette Mahlzeit oder energiereiche Lebensmittel über mehrere Stunden verdaut werden und mit ihrem höheren Fett- oder Zuckergehalt zu einer zwischenzeitlichen Überschwemmung des Körpers mit Energie führen. So gibst du dem Körper sehr spät viel Energie und sorgst für eine Insulinausschüttung. Was in der ersten Tageshälfte kein Problem ist, weil der Adrenalinspiegel hoch ist, führt abends zur Bildung von Körperfett.

Also können sich ab nachmittags nur Lebensmittel eignen, die den Körper nicht mit Energie überschütten und zügig verdaut werden.

Die ausreichende Ernährung in der ersten Tageshälfte ist auch für die zweite extrem wichtig: *Wenn du den Gesamtumsatz durch eine regelmäßig hohe Energieaufnahme mit den Mahlzeiten der ersten Tageshälfte angehoben hast, betrifft das in erster Linie den Grundumsatz, weil sich bei ihm nicht nur die vermehrte Wärmeabgabe auswirkt, sondern auch die zusätzlich ausgeführten Funktionen im Bereich Regeneration und Körperabwehr. Der Grundumsatz stellt bei abendlicher Ruhe den einzigen Energieverbrauch dar. Seine Erhöhung oder Absenkung entscheidet darüber, ob eine abendliche Nahrungsaufnahme zur Überversorgung führt oder nicht.*

Das heißt, wenn du morgens wenig isst, wird sich spätnachmittägliches und abendliches Essen viel schlimmer auswirken, als wenn du in der ersten Tageshälfte ausreichend isst.

Dieser Stoffwechseleffekt wird noch durch die **psychologische Auswirkung** verstärkt. Ein morgendlicher Verzicht auf Nahrung, und speziell auf die bekannten, wohlschmeckenden Lebensmittel, muss neben dem abendlichen Hunger auch großen Appetit hervorrufen. **Solltest du aber bewusst in der ersten Tageshälfte auch die geliebten Genussmittel essen, wird ihr Reiz am Abend viel geringer ausfallen.**

Für die zweite Tageshälfte bieten sich demnach **energiearme Lebensmittel** an. Darunter fallen Obst, Gemüse, Salat und Milchprodukte.

Es ist nicht notwendig, fettreduzierte Produkte zu verwenden. Bei einem guten Stoffwechselniveau ist es auch nicht entscheidend, ob es süßeres, energiereicheres Obst und etwas fetthaltigere Milchprodukte oder energieärmere Alternativen sind. Der höhere Grundumsatz macht eine Überversorgung unwahrscheinlich.

Kuchen oder Torte sind die falsche Wahl am Nachmittag oder Abend. Auf Getreide basierend und mit viel Milchfett überschwemmen beide den Körper während der langen Verdauungszeit mit Energie. Da du auf Ruhe eingestellt bist und dein Adrenalinspiegel abgesenkt ist, führt das zur Körperfettbildung. Das Ausmaß hängt vom Energieverbrauch ab, also von dem, was du morgens gegessen hast.

Es ist ein riesiger Unterschied, ob du am Nachmittag ein Stück Torte oder morgens eine Tafel Schokolade isst! Außerdem richtet nachmittägliche Torte viel mehr Schaden an, wenn du morgens verzichtest!

Warum ist der Begriff Abendbrot unpassend?

Die Voraussetzungen am Abend entsprechen denen des späteren Nachmittags. Du hast mit einer energiereichen Ernährung in der ersten Tageshälfte den Stoffwechsel „angeschoben" und benötigst in der Folge nur noch etwas für den fortlaufenden Grundumsatz.

Komplexe Mahlzeiten und energiereiche Lebensmittel eignen sich jetzt nicht mehr, weil sie den Körper mit Energie überfluten, obwohl er auf Ruhe eingestellt ist. Bis zum Schlafengehen werden sie nicht mehr vollständig verdaut, so dass sie tlw zur Körperfettbildung führen und nachts den Darm belasten.

Brot ist als energiereiches Getreideprodukt abends eine schlechte Wahl. Du kannst zwar dadurch, dass du spätestens 5 Stunden vorm Zubettgehen isst, erreichen, dass das Abendbrot vollständig verdaut wird. Dann wird es für den Darm keine Belastung mehr darstellen. Aber trotzdem wird in den abendlichen Ruhestunden auf dem Sofa zu viel Energie in dein Blut gelangen, was zur Speicherung von Körperfett führt.

Wie am späten Nachmittag sind abends Obst, Gemüse, Salat und Milchprodukte sinnvoll. Sie geben dem Körper noch etwas Energie, um die laufenden Aufgaben zu erfüllen, aber sie bieten keine Möglichkeit, Fett zu speichern und belasten nicht den Darm. Dabei kannst du ruhig Vollmilchjoghurt oder süßeres Obst wählen. Wenn du in der ersten Tageshälfte regelmäßig ausreichend isst und damit den Energieverbrauch förderst, beschert das keine Überversorgung.

*Ein Salat mit fettreichem Mayonnaise-Dressing ist **nicht** sinnvoll. Das Gewicht des Dressings übersteigt schnell das des Gemüses, so dass Fett zum wesentlichen Bestandteil des Abendessens wird. Aber auch hier gilt: **Je ausreichender du dich in der ersten Tageshälfte ernährst, desto weniger schlägt eine „abendliche Verfehlung" ein!***

Wenn du dein Gewicht halten und dich gesund ernähren möchtest, brauchst du abends nicht darauf zu achten, dich sehr energiearm zu ernähren. Das erheblich wichtigere ist, dass du mit einer energiereichen Ernährung in der ersten Tageshälfte den Energieverbrauch hoch hältst.

Solltest du abnehmen wollen, musst du ebenfalls mit einer energiereichen Ernährung in der ersten Tageshälfte ein hohes Stoffwechselniveau aufbauen, und solltest dich **ab dem späteren Nachmittag einschränken.** Dadurch verringerst du dein Körperfett.

Ein vollständiger abendlicher Verzicht hat keine negativen Auswirkungen auf den Stoffwechsel. **Aber ein früherer Verzicht – in der ersten Tageshälfte – wird das Gegenteil von dem bewirken, was du willst: dein Energieverbrauch wird sinken!**

Falls du abends Sport treibst, bleibt dein Adrenalinspiegel länger hoch. Die Ausrichtung des Körpers auf Fettspeicherung setzt später ein. Dadurch könntest du auch später komplexe Mahlzeiten und energiereiche Lebensmittel zu dir nehmen. Da diese aber sehr lange verdaut werden und dafür sehr viel Blut im Darm binden, wird dich das beim Sport behindern. Wenn du innerhalb der ersten Stunde nach dem Essen zum Sport gehst, befindet sich die Nahrung noch im Magen. Dann kann die Belastung zum Aufstoßen und – bei häufiger Wiederholung – zur schweren Schädigung der Speiseröhre führen.

Abendlicher Sport ändert somit an den Voraussetzungen für den späten Nachmittag und den Abend nichts.

Wenn du durch den abendlichen Sport nicht abnehmen willst, kannst du dem höheren Energieverbrauch mit schnell verdaulichen, etwas energiereiche-

ren Lebensmitteln, wie ein bis zwei Bananen oder Sport-Riegeln etc, begegnen. Nach dem Sport kannst du durch eine regelmäßige, ebenfalls schnell verdauliche Kohlenhydratgabe, zB aus Nudeln oder Reis ohne Beilagen, die Glykogenspeicherung erhöhen und damit deine Ausdauerfähigkeit verbessern.

Betreibst du den Sport zum Abnehmen, solltest du dich an den Sporttagen genauso ernähren wie an den sportfreien. Dann kannst du durch den erhöhten Energieverbrauch schneller Fett abnehmen, … **allerdings nur wenn deine Ernährung ein hohes Stoffwechselniveau bewirkt!**

Welche Mengen sind richtig?

Mit den bisherigen Ausführungen zu den einzelnen Mahlzeiten habe ich die Grundpfeiler der Ernährung dargestellt und dir einen möglichst großen Spielraum gelassen, deinen Ernährungsplan selbst zu kreieren und den jeweiligen Stimmungen und Vorlieben anzupassen.

Der Plan beinhaltet fünf Mahlzeiten und lässt sich auf die **folgenden Schwerpunkte** konzentrieren:

⊠ Eine möglichst **gleichmäßige Ernährung** mit ähnlicher Energieaufnahme **an allen Tagen**.

⊠ Die **erste Tageshälfte** mit ausreichend energiereichen, langsam verdaulichen Lebensmitteln, verteilt auf drei etwa gleichgewichtige Mahlzeiten.

⊠ Die **zweite Tageshälfte** mit zwei Mahlzeiten aus energiearmen, schnell verdaulichen Lebensmitteln.

Ich habe mich bisher zu den Mengen der Lebensmittel nicht näher geäußert. Abgesehen davon, dass Faktoren, wie Alter, Geschlecht, Körpergewicht und Tätigkeit, einen Einfluss auf den angestrebten Energieverbrauch haben, hat das die Gründe, **dass die grundsätzliche Ausrichtung der Mahlzeiten nach den Grundpfeilern viel wichtiger ist als die absolut verzehrten**

Mengen, und dass Mengenvorschläge zusammenhängend verständlicher darzustellen sind.

Deshalb möchte ich jetzt den häufig benutzten Begriff **ausreichend** mit Inhalt füllen.

Die drei Mahlzeiten der ersten Tageshälfte sollen den Körper regelmäßig so ausreichend mit Energie versorgen, dass dein Körper einen hohen Energieverbrauch „fahren" kann. Ein entsprechender Zielverbrauch muss bei einer Frau deutlich über 2.000 kcal bis ca 2.500 kcal pro Tag liegen, beim Mann zwischen 2.500 kcal und 3.000 kcal. Dann ist es deinem Körper möglich, auf einem guten Niveau zu haushalten und dich gesund und leistungsfähig zu halten.

Wenn wir nun beispielsweise davon ausgehen, dass unser Stoffwechselziel ein Tagesverbrauch von 2.500 kcal ist, müssen die ersten drei Mahlzeiten **jeden Tag** den Großteil, nämlich ca 2.000 kcal Energie, bereitstellen. **Das heißt, auf das erste und zweite Frühstück und auf das Mittag entfallen jeweils knapp 700 kcal.**

Die Mahlzeiten der zweiten Tageshälfte haben mit der Anhebung des Stoffwechselniveaus nichts mehr zu tun. Sie sollen aufkommenden Hunger sättigen und dabei je nach Ernährungsziel bedarfsgerecht oder zu wenig Energie enthalten. **Eine sinnvolle Größenordnung für die nachmittägliche und die abendliche Mahlzeit liegt zwischen 200 kcal und 300 kcal.**

Die genannten Zahlen bedeuten in essbaren Werten für die Mahlzeiten:

- **Erstes Frühstück:** 2 Scheiben Brot oder 1 bis 2 Brötchen bzw ca 100 g Müsli, mit den jeweiligen Ergänzungen

- **Zweites Frühstück:** wie das erste Frühstück – oder auch mal eine Tafel Schokolade bzw ein großer Schokoladenriegel etc

- **Mittagessen:** Kartoffeln (3 bis 5 mittelgroße) oder Reis bzw Nudeln (mindestens 70 g ungekocht), etwas Fleisch oder Fisch (max 300 g) und etwas Gemüse oder Salat – ein Nachtisch ist selbstverständlich in Ordnung

- **Nachmittägliche Zwischenmahlzeit:** Obst oder Gemüse oder 1 Joghurt (250 g sind <u>nicht</u> zu viel)

- **Abendmahlzeit:** Obst oder Gemüse oder etwas Salat mit fettarmem Dressing (auf Joghurtbasis) oder 1 Joghurt (250 g sind immer noch <u>kein</u> Problem).

Falls du es gewohnt bist, gerade morgens viel weniger zu essen, werden dich diese Mengen anfangs überfordern. Dann musst du dich **langsam umstellen** und deinem Körper Zeit gönnen. Eine morgendliche Entwöhnung erfordert ebenfalls Geduld, wie jeder, der schon einmal gefastet hat, erfahren musste. Wenn dein Körper dir den morgendlichen Bedarf nicht mehr signalisiert, hast du dich entweder an den Schmerz Hunger gewöhnt, oder du überdeckst ihn morgens bereits mit einem hohen Stresspegel. Diese Entwicklung kannst du **<u>rückgängig</u>** machen.

Und bedenke dabei, dass es sich lohnt: **Du erreichst mit der Umstellung ein gesundes Stoffwechselniveau für eine hohe Leistungsfähigkeit und die Möglichkeit, schlank zu werden und zu bleiben, ... und damit ein hohes Maß an Gesundheit, Zufriedenheit und Lebensqualität.**

Beginne die Umstellung mit einer halben oder einer Scheibe Brot und steigere dich langsam auf zwei. Für das zweite Frühstück und das Mittag gilt dasselbe. Nach ein bis drei Wochen bist du so weit, dass du das Frühstück wieder brauchen wirst. Und wenn du merkst, dass abends kein Hunger mehr aufkommt, isst du in der ersten Tageshälfte ausreichend.

Solltest du morgens **überhaupt nicht** essen können, weil dein Adrenalinspiegel schon zu hoch ist, stelle dich über das zweite Frühstück um. Du baust die morgendliche Zwischenmahlzeit über eine halbe Scheibe Brot auf, und wenn du dich der zweiten Scheibe näherst, wirst du auch morgens genug Ruhe haben, um das erste Frühstück zu entwickeln.

Liegt dein Ernährungsschwerpunkt bisher in den Abendstunden, solltest du die Reduzierung der Mahlzeiten in der zweiten Tageshälfte auch schrittweise vornehmen. Ein plötzlicher Verzicht wird dir abends so viel Hunger bereiten, dass du wahrscheinlich irgendwann aufgeben musst; bedenke: **Hunger ist ein Schmerz!** Deshalb musst du das Abendessen so langsam „herunterfahren", wie du die Mahlzeiten in der ersten Tageshälfte aufbaust.

Wenn du an einigen Tagen in alte Verhaltensmuster zurückfällst, ärgere dich nicht darüber. Fahre am nächsten Tag mit der Umgewöhnung fort. Das braucht einige Zeit, und es wird von Tag zu Tag leichter ... und selbstverständlicher!

Wie gehe ich mit einem abweichenden Tagesrhythmus um?

Nicht jeder Tagesablauf richtet sich nach unseren gängigen Vorstellungen. In vielen Berufen ist ein ganz anderer Tagesrhythmus notwendig, weil die Arbeitszeit in die Nacht fällt oder in verschiedenen Schichten wechselt. Auf diese Verhältnisse scheinen die bisherigen Ausführungen nur bedingt anwendbar.

Unsere Definitionen von Morgen, Mittag, Abend, Frühstück, Mittagessen und Abendessen sind sprachliche Übereinkünfte, die sich an den üblichen Verhältnissen orientieren. Sie erleichtern die Verständigung, sind aber natürlich keine Gesetze.

Dein Körper hat einen **Biorhythmus**, der vom Aufstehen, wiederkehrenden Abläufen, der Einschlafzeit und der Schlafdauer geprägt ist. Seine Leistungskurve, die das Ansteigen und Absinken der Leistungsbereitschaft darstellt, ist von den natürlichen Lichtverhältnissen abhängig. Wenn du deinem Körper aber einen anderen Tagesrhythmus abforderst, kann er sich darauf einstellen.

Wie bei jeder Umstellung braucht er dafür Zeit. Deshalb sind schnelle Schichtwechsel ungesund. Sie gehen mit geringer Leistungsbereitschaft und schlechter Gesundheit einher, weil der Körper in den vorgesehenen Ruhephasen nicht mehr rechtzeitig herunterregelt und zur Ruhe kommt.

Unabhängig von der Abweichung des Tagesrhythmus bedeutet das für deinen Ernährungsplan lediglich eine Verschiebung der Essenszeiten. Wenn du also nachts arbeitest und dafür tagsüber schläfst, fällt dein Frühstück halt in den Nachmittag, weil du dann aufstehst. Drei bis vier Stunden später ist das zweite Frühstück an der Reihe, auch wenn deine Uhr gerade 22 Uhr zeigt. Wieder drei Stunden später nimmst du – nachts – das Mittagessen ein.

Wenn du versuchst, mit deinem abweichenden Tagesrhythmus so gut wie möglich das **gängige Essverhalten** zu übernehmen, wirst du deinen Körper immer wieder mit wechselnden Ernährungssituationen überfordern. So fällt die letzte Mahlzeit vorm Schlafen mal wie ein Frühstück und mal wie ein Abendessen aus und bietet das eine Mal viel zu viel Energie, die in der Schlafphase nicht ausgewertet werden kann, aber den Darm belastet. Beim nächsten Mal ist die letzte Mahlzeit energiearm und eigentlich gerade richtig ... aber eben zufällig und **nicht** regelmäßig! Dein Körper wird mit dem Absenken des Stoffwechselniveaus die Konsequenzen ziehen.

Da ein normal hoher Leistungslevel unter abweichenden oder wechselnden Tagesrhythmen ohnehin nicht erreichbar ist, macht sich eine geringere Leistungsfähigkeit aufgrund eines niedrigeren Stoffwechselniveaus noch deutlicher bemerkbar.

Falls du mit der ständigen Umstellung der Essenszeiten große Schwierigkeiten hast, und sich das darin zeigt, dass du die Mengen – auch nach einer kurzen Umgewöhnungszeit – nicht verträgst, ist das kein Mangel des Ernährungsplans. Vielmehr erfolgen deine Schichtwechsel so schnell, so dass sich dein Körper nicht darauf einstellen kann.

Um den Schaden für den Körper zu begrenzen, solltest du deinen Ernährungsplan **dann erst recht** so gut wie möglich umsetzen. So erreichst du ein gutes Stoffwechselniveau, und dein Körper erhält zumindest die Möglichkeit, mit Regenerationsmaßnahmen die Gesundheit bestmöglich zu schützen, … wenn er zwischendurch richtig zur Ruhe kommt.

Welche Getränke sind gut?

Bisher tauchen in dem Ernährungsplan keine Getränke auf. Das liegt daran, dass die **Hauptaufgabe** der Getränke die Versorgung des Körpers mit Wasser ist, … unabhängig von der Tageszeit.

Ein Leben ohne Flüssigkeitsaufnahme ist nur etwa drei Tage möglich. Wasser als Umgebung ist die Voraussetzung für fast alle Reaktionen im Körper. Deshalb besteht der Körper zu zwei Dritteln aus Wasser. Unser Wasserhaushalt ist aus diesem Grund sehr aufwendig geregelt. Ein komplizierter Mechanismus, bestehend aus der Messung des Wasserstatus über den Blutdruck und der Regulierung unserer Nierenfunktion, soll eine Austrocknung verhindern.

Dabei ist der Wasserhaushalt sehr eng an den Mineralstoffhaushalt geknüpft, weil die Mineralstoffe Wasser an sich binden.

Trotz der komplexen Überwachung verliert der Körper jeden Tag Wasser über bemerktes und unbemerktes Schwitzen, eine Mindestmenge an Harn und den Kot. Wenn du die ausgeschiedene Menge nicht wieder zuführst, entwässert dein Körper langsam, was sich in Wahrnehmungsbeeinträchtigungen und fehlender Leistungsbereitschaft zeigt.

Aber auch in diesem Bereich ist unser Körper anpassungsfähig. Falls du ihm nicht regelmäßig genügend Wasser zuführst, beschränkt er die Ausscheidung auf das Notwendigste. Dadurch kann er zwar so schwerwiegende Folgen, wie Wahrnehmungsschwächen, hinauszögern, aber nicht verhindern, dass deine Nieren durch kristallisierende Ausscheidungsprodukte geschädigt werden. **Nierenschäden machen dabei erst auf sich aufmerksam, wenn sie nicht mehr reparabel sind!**

Darum ist es so wichtig, dass du deinen Körper mit mindestens 1,5 l Getränken pro Tag versorgst. Und weil der Wasser- und der Mineralstoffhaushalt so eng verknüpft sind, ist es **nicht** egal, mit welchen Getränken du das tust.

Eine Beantwortung des Wasserbedarfs mit **mineralstoffarmen Getränken** führt einen Mineralstoffverlust herbei, ... und dadurch auch eine Entwässerung. Die Flüssigkeitsaufnahme bewirkt über den ansteigenden Blutdruck eine Wasserausscheidung. Dabei gehen immer auch Mineralstoffe verloren. Da diese mit dem Getränk nicht wieder zugeführt werden, sinkt der Gehalt deines Körpers an Mineralstoffen. Das Wasser kann dann nicht mehr im Körper gebunden werden. **Somit entwässern mineralstoffarme Getränke den Körper.**

Zu den mineralstoffarmen Getränken gehören alle auf Leitungswasser basierenden Getränke, wie Tee und Kaffee.

Getränke, die einen Mineralstoffgehalt ähnlich dem des Bluts aufweisen, stellen für deinen Körper eine echte Flüssigkeitsversorgung dar, weil dein Körper das Wasser mit den Mineralstoffen halten kann. Deshalb werden diese so genannten **isotonischen Getränke** damit beworben.

Für Sportler ist das von besonderer Bedeutung, weil deren Leistungsfähigkeit aufgrund des vermehrten Schwitzens sehr von der Flüssigkeitsaufnahme abhängt.

Isotonisch sind Mineralwässer, Milch, Säfte und Sportlergetränke.

Weitere **wichtige Entscheidungsmerkmale** für oder gegen ein Getränk sind der Gehalt an Zucker, Süßstoffen, Wirksubstanzen oder Alkohol.

Zucker wird vom Körper aus Getränken schnell und vollständig aufgenommen. Das führt zu einem hohen Anstieg des Insulinspiegels im Blut. In der ersten Tageshälfte ist das eigentlich unproblematisch, weil du noch viel Energie benötigst und der Stresspegel zu hoch ist, um Körperfett zu bilden. Aber durch den hohen Insulinspiegel wird so viel Zucker vom Blut in die Zellen überführt, dass du kurze Zeit später unterzuckerst und müde wirst. **Deshalb sind zuckerhaltige Getränke nur in Verbindung mit den Mahlzeiten der ersten Tageshälfte sinnvoll, weil dann die Zuckeraufnahme gebremst wird.**

Unter zuckerhaltige Getränke fallen gesüßte Säfte, Malzbier und Limonaden, was dein Geschmackssinn dir eindeutig anzeigt.

In vielen Säften und Limonaden wird der Zucker durch **Süßstoffe** ausgetauscht. Das nimmt diesen Getränken zwar den Makel des hohen Zuckergehalts, die Süßstoffe können aber nur begrenzt vom Körper ausgeschieden werden und bei regelmäßiger Aufnahme zur Vergiftung führen. Deshalb solltest du künstlich gesüßte Getränke regelmäßig nur in Mengen bis 300 ml pro Tag trinken.

Ein **Wirkstoff** in Getränken ist zB Koffein. Es handelt sich um Substanzen, die in einem Getränk in so großen Mengen vorkommen, dass sie im Körper direkte Reaktionen hervorrufen. Dabei haben derartige Wirkstoffe fast immer viele verschiedene Wirkungen, von denen nur ein Teil erwünscht ist oder bemerkt wird. So weckt Koffein auf und erhöht die Muskelspannung, aber es entwässert den Körper auch, wie seine Abkömmlinge Theophyllin in Tee und – abgeschwächt – Theobromin in Kakao.

Deshalb sind zwei Tassen Kaffee zum Aufwecken morgens in Ordnung, aber eine Kanne pro Tag wird deinen Körper entwässern und schädigen.

Alkohol ist ebenfalls eine Wirksubstanz, die sehr populäre Folgen hat, wie zB Enthemmung. Auch Alkohol hat neben den gewünschten Wirkungen unerwünschte. So behindert er die Ausscheidung von Gicht erzeugenden Purinen über die Nieren, entwässert die Muskulatur und besitzt ein **hohes Sucht-potential**. Der mit 7 kcal / g hohe Energiegehalt des Alkohols muss da kaum mehr erwähnt werden.

Es gibt mit Rotwein und Bier alkoholische Getränke, die durch weitere Wirkstoffe zusätzliche, erwünschte Wirkungen erzielen. Die phenolischen Substanzen des Rotweins hemmen Arteriosklerose und Hopfen im Bier beruhigt. Diese positiven Eigenschaften werden bei größeren Mengen aber von den negativen Folgen des Alkohols überdeckt. Und leider bedingt das sehr große Suchtpotential des Alkohols, dass viele Menschen sich diese Getränke auch in großen Mengen „schön reden" und ihre Sucht nicht erkennen.

Gegen ein paar Gläser Bier oder Wein oder einen Schnaps <u>ab und zu</u> ist sicher nichts einzuwenden, aber Regelmäßigkeit trübt schnell die Urteilsfähigkeit bezüglich der verzehrten Mengen.

Milch ist ein besonderes Getränk. Es ist isotonisch, enthält sehr hochwertige Proteine, viele andere Nährstoffe und weist ein sehr gutes Calcium-Phosphat-Verhältnis auf. Außerdem ist das Milchfett ein sehr gut verdauliches. Gerade in der ersten Tageshälfte ist Milch darum ein sehr gutes Getränk, aber viele Erwachsene vertragen sie nicht mehr gut. Sie nehmen den Milchzucker nicht auf, und das führt via Wasserbindung zu Darmproblemen und Durchfall.

In Mengen von ein oder zwei Gläsern in der ersten Tageshälfte ist Milch eine gute Ergänzung deines Ernährungsplans, wenn du sie verträgst.

Es gibt nur ein ideales Getränk: Mineralwässer – auch leicht gesüßt.

Insgesamt gilt für Getränke, **dass Abwechslung die Vorteile zusammenführt und eine schädliche Anreicherung einzelner Nachteile verhindert.**

So sind ein Glas Milch zum Frühstück, ein bis zwei Tassen Kaffee morgens, Saft zum Mittag und abends ein Becher Tee oder ab und zu ein Bier oder ein Glas Wein eine gute Kombination, **... in Verbindung mit viel Mineralwasser!**

Teil IV:

Die Umsetzung des

Ernährungsplans

Wie viel Ideal ist optimal?

Dein Ernährungsplan gibt dir eine Hilfestellung und soll dich so wenig wie möglich einschränken. Trotzdem bedeutet er eine Regelung deines Lebens. Und damit wird er auch teilweise mit deinen anderen Planungen zusammenstoßen, so dass eine hundertprozentige Umsetzung nicht immer möglich ist.

Ist denn eine dogmatische Umsetzung, das **Ideal**, überhaupt sinnvoll?

Ein Ernährungsplan ist dann gut, wenn er so viel Plan wie nötig und so wenig wie möglich ist. Er muss dir möglichst viel Handlungsspielraum lassen – gerade auch für spontanes Handeln – und dir trotzdem ermöglichen, dein Ziel zu erreichen.

Dieser Ernährungsplan ist auf den oben genannten Grundpfeilern aufgebaut, die zu einem guten Stoffwechselniveau führen und sich in den einzelnen Mahlzeiten wieder finden. Dabei lässt er dir sehr viele Freiheiten. Dennoch wirst du dich ab und zu von ihm lösen müssen. Den Erfolg des Plans riskierst du dadurch **nicht**, wenn das Verhältnis stimmt. **Also hast du auch bei der Umsetzung des Ernährungsplans Freiheiten, ... und nur das kann funktionieren!**

Diäten gewähren keine Freiheiten bei der Umsetzung, weil sie sich zu Nutzen machen, dass der Stoffwechsel Grenzen der Anpassung hat. Unterhalb dieser ist für die Zeit der Diät ein Energiemangel möglich. Dass du bei einem Stoffwechselniveau von 1.000 kcal pro Tag nicht viel Körperfett abnehmen kannst, und dass du im direkten Anschluss wahrscheinlich mehr wieder zunehmen wirst, sehen die Entwickler nicht in ihrer Verantwortung.

Bei einer derart knappen Kalkulation sind nicht viele Freiheiten möglich. Schon geringe Abweichungen führen zum Verlust der Unterversorgung, **und der Erfolg einer zweiwöchigen Diät schrumpft auf eine realistische Fettabnahme von <u>insgesamt</u> weniger als 500 g – lasse dich von den Schwankungen des Wasserhaushalts nicht blenden!** Und weil du die Diät als eine schmerzhafte Einschränkung empfunden hast, ist das Ende nur eine Frage der Zeit.

Dieser Ernährungsplan ist <u>keine</u> Diät! Er gibt dir bei der Zusammenstellung der einzelnen Mahlzeiten viel Spielraum und erfordert <u>**keine**</u> hundertprozentige Umsetzung. Die beste Ernährung für dich, das **Optimum**, ist demnach <u>**nicht**</u> das **Ideal** sondern eine weitgehende Umsetzung mit einer gewissen Improvisationsfreiheit.

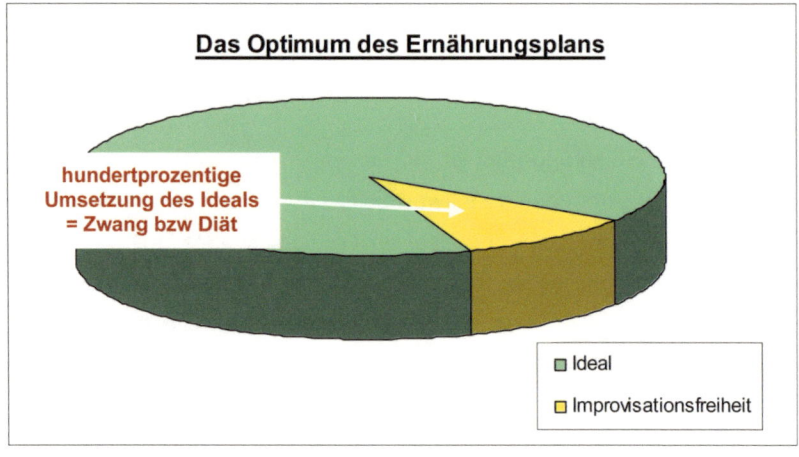

Abb 6: *Das Verhältnis von Ideal und Optimum in der Umsetzung eines Ernährungsplans*

Diese Improvisationsfreiheit ist möglich, weil das Hauptziel des Ernährungsplans die Anhebung des Stoffwechselniveaus ist. Ein hohes Stoffwechselniveau erzielst du durch die regelmäßig energiereichen Mahlzeiten der ersten Tageshälfte. Es besteht keine Möglichkeit dies später nachzuholen.

Bei den ersten drei Mahlzeiten des Tages liegen die Freiheiten der Umsetzung des Ernährungsplans in der Wahl der energiereichen Lebensmittel. Du solltest diese Mahlzeiten möglichst selten ausfallen lassen oder energiearm gestalten, weil dein Körper sonst reagieren muss.

Wenn du keine Lust auf oder Zeit für eine richtige Mahlzeit hast, ersetzt du sie durch energiereiche Sportlerprodukte oder Genussmittel, wie eine Tafel Schokolade. **Du musst immer bedenken, dass diese Energie am Morgen nicht ansetzt sondern den Energieverbrauch erhöht.** *Ein allzu häufiger Ersatz kann natürlich zu anderen Problemen, wie Verstopfung, Zahnschädigung etc, führen.*

Die Mahlzeiten der zweiten Tageshälfte haben mit dem Stoffwechselniveau nichts mehr zu tun. Ihre Aufgabe besteht darin, dem Körper noch laufend Energie zu geben und den Darm nicht zu sehr zu belasten. Je besser du dein Stoffwechselniveau eingestellt hast, desto mehr Spielraum hast du in der zweiten Tageshälfte. Der höhere Grundumsatz macht eine Überversorgung dann unwahrscheinlicher. So kannst du nachmittags auch mal Kuchen essen oder abends essen gehen. Eine geringe Fettzunahme nach einer Überversorgung kannst du mit einem hohen Energieverbrauch schnell wieder abbauen. **Deine Freiheiten in der zweiten Tageshälfte sind also sehr umfangreich, wenn du ein hohes Stoffwechselniveau hast.**

*In diesem Zusammenhang ist besonders wichtig, dass deine **tatsächliche Gewichtszunahme** nach einem „Schlemmerabend" **mit Körperfettbildung nichts zu tun hat!** Die Schwankungen im Wasserhaushalt überlagern die Fettzunahme. Bei einer Häufigkeit von einmal alle ein bis zwei Wochen, wirst du dein Gewicht problemlos halten können. Deutlich häufigere Eskapaden kann auch ein hohes Stoffwechselniveau nicht auffangen. Aber bedenke: Mit einem niedrigen Energieverbrauch fällt die Fettzunahme noch **viel größer** aus!*

*Wenn du **abnehmen** möchtest, solltest du dich in der zweiten Tageshälfte allerdings kaum vom Plan lösen.*

Wie lange dauert die Umstellung?

Die Grundstruktur dieses Ernährungsplans mit einer energiereichen, langsam verdaulichen Ernährung in der ersten Tageshälfte und einer energie-armen, leicht verdaulichen in der zweiten ist darin begründet, dass dein Körper morgens einen sehr hohen Energiebedarf hat, längere Zeit für die Verdauung benötigt, über Nacht keine Energie gewinnen und morgens nicht mehr über die abendliche Nahrung verfügen kann, weil deine Darmflora sie verwertet hat.

In unserer heutigen, stressgeprägten Zeit bedeutet das für Menschen, die aus den verschiedensten Gründen das Essen in den ruhigeren Abend ver-legt haben, **eine komplette Umgewöhnung**. Dabei sind die Gründe für spätes Essen durchaus nachvollziehbar. So schmeckt das Essen in abendlicher Ruhe viel besser und ist gemütlicher. Morgens zu essen ist mit früherem Aufstehen verbunden und bei hohem Stresspegel nicht möglich. Und der morgendliche Verzicht fällt viel leichter als der abendliche. Das alles liegt daran, dass der Körper seinen hohen morgendlichen Bedarf dem Stress unterordnet, … auch wenn du **nur** rechtzeitig zur Arbeit musst. Der einzige, dem Körper bekannte Stress, der durch Lebensgefahr verursacht wird, ist für ihn bedrohlicher als Hunger.

Eine Umstellung deiner Ernährung braucht natürlich Zeit. Und alleine zu verstehen, warum dein Körper die Situation falsch einschätzt, entkräftet die Vorteile des abendlichen Essens noch nicht.

Du hast die Wahl zwischen dem modernen, stressgeprägten Essrhyth-mus mit allen dir bekannten Vorteilen und einem niedrigen Stoffwechselniveau. Der Preis dafür ist, dass du deine Gesundheit gefährdest, nie deine volle Leis-tungsfähigkeit erfährst und leicht zu- aber schwer abnehmen wirst. **Oder du nimmst eine Umstellung auf dich und wählst einen hohen Energie-verbrauch.** Du gewinnst eine Position, die dir dank guter Gesundheit, hoher

Leistungsfähigkeit und der Möglichkeit abzunehmen und dich frei zu ernähren **viel Lebensqualität** gibt.

Die Umstellung musst du schrittweise durchführen. Das nachmittägliche und abendliche Essen reduzierst du dabei in derselben Geschwindigkeit wie du das morgendliche steigerst. Falls du dabei abends schmerzhaften Hunger entwickelst und schlecht einschläfst, fängst du das am besten über eine etwas energiereichere, nachmittägliche Mahlzeit, zB mit Brot, auf. Nach spätestens drei Wochen wirst du abends keinen starken Hunger mehr verspüren, wenn du morgens genug isst. In der Folge ist abendlicher Hunger ein guter Indikator dafür, ob die erste Tageshälfte ausreichend war.

Die Umstellung dauert also nach meinen Erfahrungen nicht länger als drei Wochen. Eine Verfestigung tritt nach zwei bis drei Monaten ein, so dass das neue Essverhalten **selbstverständlich** geworden ist. Die Gefahr eines Rückfalls in alte Essgewohnheiten besteht aufgrund einzelner Abweichungen nicht.

Wie gehe ich mit Ausnahmesituationen um?

Der Ernährungsplan sieht in der zweiten Tageshälfte nur noch eine geringere Energieaufnahme durch schnell verdauliche Lebensmittel vor. Wenn du in der ersten Tageshälfte ausreichend gegessen hast, ist das im Normalfall auch kein Problem. Hunger wirst du abends nicht mehr entwickeln und der von deinen Vorstellungen oder der Werbung geförderte Appetit kann dir nicht viel anhaben, wenn du deine Vorlieben in der ersten Tageshälfte regelmäßig einbindest. *Alleine das Gefühl am nächsten Morgen alles ohne schlechtes Gewissen essen zu können, nimmt den Genussmitteln viel an Reiz.*

Es gibt aber etliche Ausnahmesituationen, die nachmittägliches oder abendliches Essen mit sich bringen. **Und dein Ernährungsplan ist kein guter**

Plan, wenn er von dir verlangt, dass du dich ausgrenzt, indem du zu keiner Party und zu keinem Kaffee mehr gehst.

Wenn du bei einem nachmittäglichen Kaffee oder auf einer Party sehr viel isst oder energiehaltig trinkst, bedingt das wahrscheinlich eine Überversorgung. Je niedriger dein Stoffwechselniveau allerdings ist, desto schwerer fällt sie aus, … und mit ihr die Speicherung von Körperfett. So kannst du bei einem niedrigen Energieverbrauch durchaus 2.000 kcal an einem Abend zu viel aufnehmen, was aber immer noch einer Fettspeicherung von weniger als 200 g entspricht. Die Waage wird erheblich mehr anzeigen, weil du mit einer überdurchschnittlichen Salzaufnahme kurzfristig viel Wasser im Körper bindest.

Bei einem guten Stoffwechselniveau liegt deine Körperfettzunahme durch eine nachmittägliche oder abendliche „Ernährungssünde" vielleicht bei 20 bis 50 g. *Lass dich von der Waage **nicht** in die Irre leiten! Diese geringen Fettzunahmen kannst du kurzfristig durch eine konsequentere Essweise in der zweiten Tageshälfte wieder ausgleichen, … **wenn** du einen hohen Energieverbrauch pflegst.*

Bezüglich der Auswirkungen von Ausnahmesituationen kannst du von folgenden Verhältnissen ausgehen:

- ☺ Seltenere Ausnahmesituationen als alle 2 Wochen lassen sich **sogar beim Abnehmen** verkraften.
- ☺ Eine Ausnahmesituation alle 1 bis 2 Wochen führt **nicht** zur Fettzunahme.
- ☹ Häufigere Ausnahmesituationen als einmal wöchentlich sind auch durch ein gutes Stoffwechselniveau wahrscheinlich nicht mehr ganz aufzufangen. ***Bedenke aber:*** *Bei einem niedrigeren Energieverbrauch ist der Schaden noch **viel** größer!* ***Deshalb ist ein morgendlicher Verzicht die allerschlechteste Reaktion!***

Ausnahmesituationen haben einen hohen **psychologischen Wert**. Sie geben dir das Gefühl von Freiheit in der Ernährung. Deshalb solltest du nicht ganz darauf verzichten. **Durch ein sinnvolles Verhalten kannst du sie entschärfen:**

🚗 Verzichte **auf gar keinen Fall morgens** – weder davor, noch danach – auf deine energiereiche Ernährung, sonst wird dein Stoffwechsel abgesenkt.

🚗 Achte am Ausnahmetag besonders darauf, dass du in der ersten Tageshälfte ausreichend isst, damit du abends keinen Hunger entwickelst.

🚗 Iss am Ausnahmetag morgens leckere Lebensmittel, damit der Reiz abends schwächer ist.

🚗 Beschränke dich während der Ausnahmesituation auf die **Besonderheiten**, die du nicht jeden Tag zu Hause essen kannst.

🚗 Bewege dich während und nach der Ausnahmesituation möglichst viel, um deinen Energieverbrauch noch etwas zu erhöhen.

In welcher Menge und wann kann ich Genussmittel (Schokolade, Chips etc) einplanen?

Genussmittel, wie Schokolade und Chips, sind dank der verbreiteten Weisheiten von „guten und schlechten Lebensmitteln" mit einem **sehr schlechten Ruf** behaftet. Sie enthalten viel Energie, Zucker, Fett und wenig Vitamine und Mineralstoffe. Das ruft bei den meisten Ernährungsberatern und Medizinern eindeutige Ablehnung hervor.

Als Errungenschaften der Lebensmitteltechnologie sind sie auf unseren Geschmack abgestimmt. So bedienen Chips das Verlangen nach Salz in einer Kombination mit Fett und Stärke, wodurch sie vollmundig und nicht aufdringlich schmecken. Schokolade schmilzt bei Mundtemperatur zu einer fein cremigen Masse und enthält so viel Fett, dass sie nicht übertrieben süß wahrgenommen wird.

Sind diese Lebensmittel wirklich so schlimm, dass sie verteufelt und aus einer guten Ernährung ausgeschlossen werden müssen? **Diese Ansicht ist nicht nur extrem vereinfacht und unterschätzt die Bedeutung des Stoffwechsels, ... sie ist schlicht <u>falsch!</u>**

Die Anpassungsfähigkeit des Stoffwechsels ermöglicht es deinem Körper mit 1.000 kcal pro Tag auszukommen. Damit kann er zwar nicht alle Aufgaben vollständig ausführen, aber er kann überleben. Nach einer kurzen Einstellungsphase verbrennt er dazu nicht einmal mehr Körperfett, so dass du kaum oder gar nicht abnimmst. Er kann aber auch mit 2.500 kcal haushalten, alle Funktionen erfüllen, mehr Wärme abgeben **und kein Gramm Fett zunehmen.** Das entscheidest <u>du</u> mit deiner Ernährungsweise.

Wenn du der **Variationsspanne deines Stoffwechsels von 1.500 kcal pro Tag** die Energiemenge einiger Genussmittel gegenüberstellst, wie zB 500 kcal pro 100 g Schokolade, 200 kcal pro 100 g Eiscreme oder 500 kcal pro 100 g Kartoffelchips, und dazu bedenkst, dass der hohe Energiegehalt von 600 bis 800 kcal pro Mahlzeit in der ersten Tageshälfte für einen hohen Energieverbrauch **erforderlich** ist, schwindet der Schrecken ... und das schlechte Gewissen.

Natürlich kannst du mit „500 kcal Lebensmitteln" erheblich mehr Nährstoffe aufnehmen als mit einer Tafel Schokolade. Aber eine vorbildliche Versorgung mit Vitaminen und Mineralstoffen nützt deinem Körper nichts, wenn er mit 1.000 kcal Energie täglich auskommen und deshalb viele Aufgaben einsparen muss.

Die Gefahr eines Nährstoffmangels ist bei Ernährungsinteressierten sehr gering, eine regelmäßige Unterversorgung mit Energie ist aber weit verbreitet. Dabei beeinträchtigt der Mangel an einzelnen Nährstoffen den Körper sehr viel weniger als eine dauerhafte Unterversorgung mit Energie. *Das lässt sich in Regionen mit Hungersnot immer wieder feststellen, wo viele Nähr-*

stoffmängel beobachtet werden, die Menschen aber an Wasser- oder Energie-
mangel sterben.

Die Gemeinsamkeiten der Genussmittel sind ein hoher Energie-, Fett-
und Zuckergehalt bei geringer Menge an Vitaminen und Mineralstoffen. Deshalb werden sie oft als „leere Kalorien" bezeichnet. Da der hohe Energiegehalt
die wichtigste Eigenschaft der drei Mahlzeiten der ersten Tageshälfte ist, um
ein hohes Stoffwechselniveau zu erreichen, **eignen sich Genussmittel hierfür**
sehr gut. Sie sind morgens die klar bessere Wahl als Obst. Dafür reicht
aber **nicht** ein kleiner 20g-Schoko-ladenriegel mit ca 100 kcal. Es darf schon
eine Tafel sein, um den angestrebten Energiegehalt der Mahlzeit zu erreichen.

Der hohe Zuckergehalt wird zwar den Insulinspiegel stark erhöhen. Das
führt morgens nicht zur Fettzunahme, es kann dich höchstens zwischenzeitlich
müde machen. Mögliche Zahnschäden lassen sich durch eine entsprechende
Pflege verhindern. Wegen des geringen Ballaststoffgehalts solltest du auf Abwechslung achten und auch regelmäßig ab mittags Gemüse und Obst essen.

Abends passt der hohe Energiegehalt der Genussmittel nicht zu den
Grundsätzen des Ernährungsplans. Zu dieser Zeit bewirken sie eine Überversorgung. In Verbindung mit dem hohen Insulinspiegel muss das zur Fettspeicherung führen. **Deshalb ist abendliches Naschen nicht vergleichbar mit**
morgendlichem. In der ersten Tageshälfte unterstützt du deinen Stoff-
wechsel, und am Abend erreichst du eine Fettzunahme, ... und je niedri-
ger dein Energieverbrauch ist, desto mehr Körperfett wird gespeichert.

Weil du am Abend zur Ruhe kommst und eher genießen kannst, ist der
Reiz der Genussmittel größer. Der angeregte **Appetit** macht es dann schwer
zu verzichten. Folgende **Tipps** können dir helfen, mit dem Appetit umzugehen:

- 👍 Iss morgens ausreichend, so dass du abends keinen Hunger hast.
- 👍 Binde morgens regelmäßig deine Vorlieben ein. Dadurch nimmt deren
  Reiz schnell ab.

☝ Lasse keine Genussmittel offen herumstehen – schon gar nicht beim Fernsehen.

☝ Trinke abends viel und stelle immer ein volles Glas in deine Nähe.

☝ Und wenn du großen Appetit auf irgendetwas entwickelst, lege es dir für den nächsten Morgen bereit.

Muss ich bei sportlicher Belastung besonderes beachten?

Sport wird immer wieder als Allheilmittel gegen Übergewicht gepriesen, weil er angeblich den Stoffwechsel ankurbelt. **Sport erhöht das Stoffwechselniveau nicht!** Er stellt einen weiteren Energieverbrauch dar.

Wenn du deinen Körper unterversorgst, und er mit einer Absenkung seines Energieverbrauchs reagiert, bedeutet eine weitere Belastung eine Verschlimmerung der Ernährungssituation. Dein Körper teilt nicht die Begeisterung für das gesellschaftliche Ereignis, den Adrenalinschub und die frische Luft. Er stellt fest, dass die Energieversorgung nicht ausreicht, und dass er vermehrt leisten muss. Deshalb wird er sich der Situation so gut wie möglich anpassen und den Energieverbrauch weiter reduzieren. **Du verschlechterst durch Sport ein niedriges Stoffwechselniveau sogar noch und wirst dadurch nicht leichter abnehmen!**

Bei einem guten Stoffwechselniveau führt Sport nicht zu einer weiteren Verbesserung sondern lediglich zu einem zusätzlichen Verbrauch auf hohem Level. **Das Stoffwechselniveau kannst du nur durch deine Ernährung anheben!**

Trotzdem ist Sport eine Bereicherung des Alltags, weil er die Durchblutung steigert, die Beweglichkeit, Reaktionsfähigkeit und Koordination schult und dich – nur in Verbindung mit einer ausreichenden Ernährung – leichter abneh-

men oder dein Gewicht halten lässt und damit deine Selbstzufriedenheit und Lebensqualität erhöht.

Die **Anforderungen an die Ernährung** ändern sich durch Sport nur geringfügig. **Es ist noch wichtiger, ein gutes Stoffwechselniveau zu „fahren"**, weil der zusätzliche Energieverbrauch eine weitere Belastung für den Körper darstellt und eine bestehende Unterversorgung verschlimmert. Also musst du noch stärker auf eine regelmäßig ausreichende Energieversorgung in der ersten Tageshälfte achten.

Wenn du **morgens Sport** treibst, solltest du allerspätestens eine Stunde vorm Sport keine kompletten Mahlzeiten mehr einnehmen. Ansonsten kann die noch im Magen befindliche Nahrung in die Speiseröhre zurückfließen und sie auf Dauer sehr schädigen. Deshalb ist eine kurze frühmorgendliche Sporteinheit am sinnvollsten vor dem Frühstück platziert, eine intensive erst **deutlich nach** dem Frühstück, da du deinem Körper damit sonst keinen Gefallen tust.

Durch **abendlichen Sport** verlängert sich zwar die Phase mit höherem Adrenalinspiegel, so dass du auch nachmittags energiereich essen könntest. Eine komplexe Mahlzeit weniger als 2 Stunden vorm Sport fordert allerdings so viel Blut im Darm, dass die abendliche Leistungsfähigkeit stark darunter leidet. Deshalb ist es besser vorm abendlichen Sport leicht verdauliche, möglichst energiereiche Lebensmittel, wie ein bis zwei Bananen oder Sport-Riegel, zu essen.

Nach dem Sport hast du für einige Zeit einen erhöhten Bedarf an Energie und Baustoffen, weil der Körper die erforderliche Regeneration vornimmt. Auch da profitiert der Körper von einer regelmäßig ausreichenden Versorgung in der ersten Tageshälfte, durch die er regenerationsfähig bleibt. Für die Verdauung einer energiereichen Mahlzeit ist diese besonders regenerative Phase von 1 bis 2 Stunden nach dem Sport nicht lang genug.

Leistungssportler versuchen mit einer fettarmen und stärkereichen Mahlzeit, zB Nudeln oder Reis mit Tomatensauce, eine Erweiterung des Koh-

lenhydratspeichers in Leber und Muskulatur zu erreichen. Da die Kohlenhyd-ratverwertung weniger Sauerstoff benötigt als die von Fett, hat das eine besse-re Ausdauerleistungsfähigkeit zur Folge. Der Leistungseinbruch bei der Umstel-lung des Körpers von Kohlenhydrat- auf Fettverbrennung nach etwa einer hal-ben Stunde wird dadurch hinausgezögert.

Wenn deine Figur der wichtigere Antrieb für den Sport ist als die Leis-tung, empfehle ich im Anschluss eine normale, energiearme Mahlzeit, **wie sie dein Ernährungsplan ohnehin vorsieht.**

Wegen der erhöhten Belastung und des Schwitzens bei **häufigem** Sport ist es hilfreich, folgendes zum Bedarf an Nährstoffen zu wissen:

- ☑ Der Bedarf an Proteinen erhöht sich durch Sport nur sehr wenig, so dass die Ernährung gemäß Plan auf jeden Fall ausreichend ist.

- ☑ Kohlenhydrate stellen im Ernährungsplan die wichtigste Energiequelle dar. Sie sind für Sportler besonders gut geeignet, weil sie in geringen Mengen speicherfähig sind und bei gleicher Atmungsintensität mehr E-nergiefreisetzung ermöglichen.

- ☑ Du solltest auf den regelmäßigen Verzehr von pflanzlichen Fetten, zB Salat mit Sonnenblumenöl oder **morgens** Nüsse, achten, weil die Rege-neration auch mehrfach ungesättigte Fettsäuren erfordert.

- ☑ Durch den Schweißverlust kommt es zu einer stärkeren Calcium- als Phosphatausscheidung, so dass du Lebensmittel mit einem guten Calci-um-Phosphat-Verhältnis, wie Milchprodukte, einbinden oder Calcium er-gänzen solltest.

- ☑ Der Magnesiumverlust über den Schweiß kann zu erhöhter Krampfnei-gung führen. Da es auch mit Vollkornprodukten schwer ist, ausreichend Magnesium aufzunehmen, macht es Sinn, dieses zu ergänzen.

- ☑ Um für die hohe Infektanfälligkeit im Anschluss an den Sport gewappnet zu sein, ist es am wichtigsten ein hohes Stoffwechselniveau zu haben. **Zusätzlich** kann sich die Einnahme von Schutzsubstanzen, wie Vita-min C und E, anbieten.

Welche Ziele sind realistisch und hilfreich?

Ziel des Ernährungsplans ist es, deine Ernährung so zu steuern, dass du ein gutes Stoffwechselniveau erreichst und so wenig wie möglich im Alltag eingeschränkt wirst. Das hohe Stoffwechselniveau ermöglicht deinem Körper eine regelmäßige Regeneration und eine funktionsfähige Körperabwehr, und lässt dich leichter abnehmen bzw dein Gewicht halten. Dabei soll dich der Ernährungsplan so wenig wie möglich einengen, so dass du deine Lieblingslebensmittel essen und Ausnahmesituationen einbinden kannst, nicht ständig über deine Ernährung nachdenkst sondern dich selbstverständlich ernährst und das „schlechte Gewissen" ablegst.

Das alles bedeutet Lebensqualität und wird dir Zufriedenheit geben, wenn deine Ziele realistisch sind!

Die Natur hat dir mit der Vererbung viele Eigenschaften deiner Eltern oder Großeltern mitgegeben. Dazu gehört auch der Figurtyp. Wenn dein Skelett mit einem breiteren Becken und schmaleren Schultern ausgestattet ist, kannst du die Verhältnisse auch durch Fettreduktion und Muskelaufbau nicht umdrehen. Du kannst dir einen durchtrainierten, fettarmen Hintern erarbeiten und die Rücken- und Schultermuskulatur ausbauen, aber du kannst niemals deine Traumfigur erreichen, wenn sie ganz andere Voraussetzungen erfordert.

Wichtig ist, dass du dir nicht aufgrund gesellschaftlicher Ideale unerreichbare Ziele setzt. Jeder Mensch nimmt anders wahr. Vielleicht findet dein Partner oder ein Interessent gerade die Merkmale an dir schön, die nicht in dein Schönheitsbild hineinpassen.

Es gibt in unserer Gesellschaft Meinungsbildner, die stärker beeinflussen als andere. Diese haben ein großes Mitteilungs- und Missionierungsbedürfnis – wie zB Autoren. Häufig äußern sie sich aber nicht nur in Wissens- und Erfahrungsbereichen sondern auch über Geschmack. Und wenn sie dabei überzeugen, prägen sie für eine Zeit lang den Massengeschmack. **Es handelt** *sich aber immer noch um den subjektiven Geschmack der Meinungsbildner.*

Untersuchungen haben ergeben, dass es offenbar so etwas **wie einen objektiven Geschmack** gibt, und dass dieser Symmetrie und eine schlanke Silhouette beinhaltet.

Auch das macht im Zusammenhang mit den ursprünglichen Lebensbedingungen des Menschen Sinn, … genau wie die Funktionsweise des Stoffwechsels. Die Erhaltung der Art und der Schutz des Lebens sind und werden immer vorrangige Ziele unseres Körpers sein. Auch wenn du bewusst dagegen ansteuerst, ist es so tief in uns verankert, dass du dem in unbewussten Augenblicken nachgibst. So verbindet unsere unbewusste Wahrnehmung mit symmetrischen Verhältnissen Unversehrtheit und Gesundheit und erkennt an einem schlanken Körper die Geschlechtsmerkmale und die Leistungsfähigkeit deutlicher. Deshalb werden wir diese Eigenschaften unterbewusst immer mit gutem Aussehen verknüpfen.

Wie stark wir dennoch beeinflussbar sind, zeigt, dass Meinungsbildner deutlich abweichende Schönheitsideale, wie das dünne, asexuelle Twiggy-Model oder die dicken Rubens-Frauen durchgesetzt haben. **Umso wichtiger ist es, dir bewusst zu machen, dass es sich bei Schönheitsidealen um unbeständige Moden handelt, und dass ein schlanker – _nicht_ eine dünner – Körper _immer_ schön aussieht,** *… auch wenn der Hintern im Verhältnis etwas breiter oder der Busen zu klein wirkt, oder die Bauchmuskeln unter einer dünnen Fettschicht nicht zu erkennen sind.*

Mit einer guten Ernährung und einem hohen Stoffwechselniveau kann nahezu _jeder_ Mensch schlank werden und mit seinem Körper zufrieden sein. Außerdem ermöglicht ein hoher Energieverbrauch eine gute Gesundheit und Leistungsfähigkeit, ohne verzichten oder ein schlechtes Gewissen haben zu müssen.

Wenn du dir allerdings unerreichbare Ziele setzt, wirst du aus Frust immer wieder zu ungeeigneten Mitteln greifen. So wird dein Weg von einer Diät zum nächsten Fasten führen. **Also setz dir realistische Ziele, sonst nimmst du dir selbst Lebensqualität!**

Ist die Waage ein aussagekräftiges Messinstrument?

Das Maß für unsere Zufriedenheit oder Unzufriedenheit mit unseren Körpermaßen ist häufig das Körpergewicht, obwohl wir nicht mit dieser Zahl auf der Stirn durch die Gegend laufen.

Eigentlich ist es wohl gar nicht die Zahl, die uns stört oder zufrieden sein lässt, sondern das Aussehen, der Sitz der Kleidung und das persönliche Empfinden von Körpergewicht. Trotzdem hat sich das Körpergewicht so sehr in den Mittelpunkt gespielt, dass es fast **ausschließliches Bewertungsmaß** ist. In jeder Empfehlung werden Idealgewichte vorgestellt, laufend werden sie verglichen und häufig hat sich ihre Bedeutung verselbständigt. So jagen Menschen irgendwelchen Körpergewichtszahlen hinterher und erdulden dafür dauerhaft Qualen, um nach dem Erreichen festzustellen, dass die Waage in der Apotheke nebenan zwei Kilogramm mehr anzeigt.

Wie hilfreich ist die Waage wirklich?

Das absolute Körpergewicht hat keine große Aussagekraft. Ein normalwüchsiger Mann kann mit 80 kg dick aussehen, während ein gleichgroßer mit 90 kg sportlich schlank wirkt. Das hängt vom Figurtyp ab. Du kannst mit deinen Augen und mit deiner Gewichtsempfindung schon sehr gut selbst feststellen, ob du zu viel Körperfett mit dir herumträgst.

Um die Auswirkungen der Ernährung zu überwachen, <u>kann</u> dir die Waage **helfen.** Du musst dabei jedoch bedenken, dass die Schwankungen im Wasserhaushalt viel größer sind als die im Fetthaushalt. So sind Gewichtszunahmen von 2 kg von einem Tag auf den nächsten durch salzreiche Mahlzeiten und Wassereinlagerung nicht ungewöhnlich. Fettzunahmen von 1 kg brauchen mehrere Tage, Fettabnahmen mit einem guten Stoffwechselniveau zwei Wochen.

Deshalb solltest du dich nicht häufiger als einmal die Woche wiegen, … und nicht nach salzreichen Mahlzeiten. Vertraue lieber auf das, was du siehst, auf den Sitz deiner Kleidung und auf dein Gewichtsempfinden.

Wann bin ich angekommen?

Der Ernährungsplan beschert dir ein hohes Stoffwechselniveau und viel Lebensqualität, wenn du realistische Ziele hast.

Aber woran merkst du, dass du angekommen bist?

Du bist <u>nicht</u> **angekommen**, wenn du dein Zielgewicht erreicht hast und dich in deine Lieblingshose zwängen kannst, aber dafür folgenden Preis zahlen musst:

☹ *Du bist überzeugt, dass dich schon der Anblick von Schokolade zunehmen lässt, weil du schlechte Gene hast.*

☹ *Deshalb hast du einige deiner Lieblingslebensmittel ganz aus deiner Ernährung verbannt, weil dir das <u>etwas</u> leichter fällt.*

Du bist **angekommen**, wenn du folgendes beobachtest:

☺ Du hast morgens Hunger und kannst dein Frühstück **genießen**.

☺ Du isst am Vormittag **mit gutem Gewissen** eine Tafel Schokolade oder ein anderes Genussmittel, auch wenn alle um dich herum es dir neiden.

☺ Du wählst mittags das Essen, **das dir schmeckt,** und nicht den fettarmen Salat, der 2 Stunden später den Magen knurren ließe, … und über

⊗ *Ab und zu isst du schon mal ein Stück Schokolade – nach langem Abwägen und mit schlechtem Gewissen. Dafür machst du morgen wieder mehr Sport!*

⊗ *Bei einigen Ausnahmesituationen verlierst du fast gänzlich die Kontrolle über dein Essverhalten. Nach einem so langen Verzicht ist das ja auch kein Wunder! ... Aber richtig genossen hast du es doch nicht, weil du zu hastig gegessen hast und das Gewissen zu belastet war.*

⊗ *Die anschließenden Tage werden zur Hungerqual.*

⊗ *Dein Lebensmitteleinkauf wird stärker von Kalorientabellen als von deinem Geschmack oder deinem Geldbeutel bestimmt.*

⊗ *Und gestern hast du wieder angefangen zu rauchen, weil du in dieser Zeit nicht essen kannst und dein Energieverbrauch erhöht wird. Auf die Gesundheit in zwanzig Jahren kannst du jetzt keine Rücksicht nehmen!*

den Fettgehalt hast du gar nicht nachgedacht.

☺ Abends genießt du in aller Ruhe den Joghurt mit 3,5 % Fettanteil und wunderst dich über die ganzen fettreduzierten Produkte in der Werbung. ... Und der leckere Schokoladenriegel, der in Matrix-Zeitlupe über den Bildschirm gleitet, **berührt dich gar nicht,** weil du genau so einen morgen früh mit gutem Gewissen verspeisen wirst.

☺ Später gehst du mit der **Zufriedenheit** ins Bett es richtig gemacht zu haben.

☺ **Und das alles ist inzwischen selbstverständlich für dich!**

Andreas Wähnert „Iss dich schlank!"

Andreas Wähnert „Iss dich schlank!"